build your
greek
vocabulary

HARA GAROUFALIA-MIDDLE
and HOWARD MIDDLE

New York Chicago San Francisco Lisbon London Madrid Mexico City
Milan New Delhi San Juan Seoul Singapore Sydney Toronto

1 2 3 4 5 6 7 8 9 10 11 12 13 14 15   QFR/QFR   1 9 8 7 6 5 4 3 2 1 0

ISBN 978-0-07-174299-3 (book and CD set)
MHID   0-07-174299-9 (book and CD set)

ISBN 978-0-07-174297-9 (book for set)
MHID   0-07-174297-2 (book for set)

Library of Congress Control Number 2010924714

McGraw-Hill books are available at special quantity discounts to use as premiums and
sales promotions or for use in corporate training programs. To contact a representative,
please e-mail us at bulksales@mcgraw-hill.com.

This book is printed on acid-free paper.

Introduction

Words, words, words! To get ahead in a language, it is important to build up a base of essential vocabulary. The aim of this book is to help you do just that and, moreover, to make the process as efficient and interesting as possible.

ABOUT THIS BOOK AND CD

Each of the 16 topics covers an area of everyday life, and contains:

Core vocabulary: the key words that will help you build a foundation in each topic area.

Further vocabulary: this will supplement the core vocabulary and enhance your command of the language.

Exercises: the purpose of the exercises is to bring the vocabulary to life. They will help you progress from recognizing the words to actually using them, seeing how they relate to each other and making them yours. They start with the most basic words and then increase in sophistication. A final free-style exercise allows you to express yourself using your new vocabulary.

Language tips: these explain small points of grammar and spelling to help you use the words with greater confidence.

Flashcards: an invaluable aid to help you memorize the core vocabulary. You can take the words with you wherever you go.

Audio CD: gives support for pronunciation of the topic vocabulary, using native-speaker voices. See the audio CD face for track details.

Finally, there is a section with **Examination advice**. This section contains tips on how to prepare for examinations and tests. There is also a list of questions and instructions (rubrics) which can appear in public examinations.

You'll find suggestions and tips on using this book on pages 6–7.

Contents

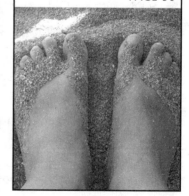

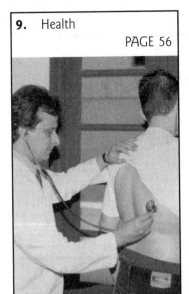

640 Greek–English tear-out vocabulary flashcards

How to use this book

AS A STUDENT

If you are studying on your own, here is one way of working through the book:

1   Start with the core vocabulary, using the audio CD and flashcards to help you. (Advice on using the flashcards is given below.) Take your time in getting to know these essential words, perhaps over the course of a few days, until you feel comfortable with them.

2   Then take a look at the further vocabulary and phrases. Just try and familiarize yourself with these. There is no need to memorize them.

3   Now it is time to try the exercises. As much as possible, make use of the words you can remember, without looking them up. When you have been through the exercises once, refer back to the lists to see which words you need to review.

4   The final exercises are more open-ended than the others and give you space for personal expression. Feel free to use the words that interest you the most. If you have access to a teacher or a friend who knows Greek, perhaps you can ask them to look over your work and tell you what they think.

If you are attending a course, you can use this book to reinforce and enrich your learning: the word lists and flashcards will give you vocabulary to supplement what you have learned in class; the language tips will highlight and explain the most important grammatical points; the basic exercises will allow you to test your knowledge; and the writing exercises will improve your composition skills.

AS A TEACHER

If you are a teacher, this book is a key classroom tool. Each topic serves as either reinforcement or a point of departure for the study of different aspects of everyday life. The flashcards, exercises and tips can be used to back up and complement the material covered in class, and can also be the basis for classroom activities.

TIPS FOR LEARNING VOCABULARY

1   Relax! You will take in a lot more if you are at ease and having fun.

2   Say the words out loud, mimicking the native-speaker pronunciation on the CD. The vocabulary does not just exist on paper – it is meant to be spoken. Repeat each word over and over so that you feel comfortable saying it.

3 Carry the CD and flashcards around with you. Whenever you have a spare moment, test yourself by playing the CD or by going through a few cards.

4 Use the flashcards as labels, especially for everyday items. Stick them onto the items they refer to so that you associate them with their Greek name.

5 Use the flashcards to store the words in your long-term memory. Here is how:
- Take five envelopes and label them 1 to 5.
- Place the flashcards for a topic in envelope 1.
- Go through the cards and place the words you know into envelope 2 and keep the rest in envelope 1.
- The next week, go through them again. If you still know a word in envelope 2, move it along to envelope 3. If you know a word from envelope 1, move it along to envelope 2. If you do not know a word, put it back in envelope 1.
- Each week, do the same, moving the cards to the next envelope if you know the word, or back to envelope 1 if you do not. Keep going until all the words are in envelope 5.

6 Play a memory game. Lay the flashcards for a topic out on a table, with the Greek face up. Choose a card and say the meaning of the word out loud. Then turn the card over to check. If you got the meaning right, you can take the card away. If not, put it back and try another card. Once you can do this, turn all of the cards over and try the same thing, but this time from English into Greek.

7 If you are having difficulty learning a particular word, stick its flashcard onto something you use a lot, such as a refrigerator. Each time you want to use that item, you have to say the word and its meaning before you can go any further!

8 Work with someone else. Test each other on the vocabulary and go through the exercises together. A shared activity can be more enjoyable and motivating.

HOW THE VOCABULARY IS PRESENTED

1 All vocabulary lists are recorded and transliterated to help with pronunciation.

2 Greek nouns are given with their genders: masculine *(m)*, feminine *(f)* or neuter *(n)*. It is important to try and learn new nouns with their genders – see tips for help with this.

3 Adjectives are listed in the masculine (nominative) singular unless otherwise shown. See tips on how to make adjectives agree with nouns.

4 Verbs are shown in the εγώ (I) form *(first person singular)*.

Greetings and basics

CORE VOCABULARY

hello/goodbye (*sing. informal*)	γειά σου	yiássou
hello/goodbye (*formal + pl.*)	γειά σας	yiássas
welcome	καλωσορίσατε	kalosorísate
welcome (*reply*)	καλώς σας βρήκαμε	kalós sas vríkame
greetings	χαίρετε	hérete
until we meet (again)	μέχρι την επόμενη φορά	méhri tin epómoni forá
pleased to meet you	χαίρω πολύ	héro polí
happy to have met you	χάρηκα που σας γνώρισα	hárika poo sas gnórisa
good morning	καλημέρα	káliméra
good afternoon	καλό απόγευμα	kaló apóyevma
good evening	καλησπέρα	kálispéra
good night	καληνύχτα	kaliníxta
please, you're welcome	παρακαλώ	parakaló
thanks (for)	ευχαριστώ (για)	efharistó (yia)
excuse me, sorry	συγνώμη	signómi
until tomorrow	μέχρι αύριο	méhri ávrio
what?	τι	ti
who?	ποιος, ποια, ποιο	pios, pya, pio
where?	πού	poo

when?	πότε	póte
how?	πώς	pos
why?	γιατί	yiatí
goodbye	αντίο	adío
I	εγώ	egó
you (sing. informal)	εσύ	esí
you (formal + pl.)	εσείς	esís
we	εμείς	emís
he	αυτός	aftós
she	αυτή	aftí
it	αυτό	aftó
they (m)	αυτοί	aftí
they (f)	αυτές	aftés
in/to/on/at	σε	se
on top of	επάνω σε	epáno se
from	από	apó
for	για	yia
with	με	me
above	από πάνω	apó páno
below	από κάτω	apó káto
beside	δίπλα	thípla

FURTHER VOCABULARY

no trouble	τίποτα	típota
it's not a problem	δεν είναι πρόβλιμα	then íne próvlima
Dear... (m/f)	αγαπητέ/αγαπητή	agapité/agapití
Regards	χαιρετισμούς	heretismoós
happy birthday	ευτυχισμένα γενέθλια	eftixisména yenéthlia
many happy returns	χρόνια πολλά	hrónya pollá

happy holidays	καλές διακοπές	kales thiakopés
Christmas	Χριστούγεννα	xristoóyena
Easter	Πάσχα	pásxa
with best wishes	με τις καλύτερες ευχές	tis kalíteres efxés
help!	βοήθεια	voíTHia
opposite	απέναντι	apénandi (apó)
between	μεταξύ	metaksí
inside	μέσα σε	mesa se
outside	έξω από	ékso apó
toward	προς	pros
around	γύρω από	yíro apó

 USEFUL PHRASES

My name is...	Το όνομά μου είναι...
What's your name?	Πώς είναι το όνομά σας;
Where are you from?	Από πού είστε;
I'm from the United States/Britain.	Είμαι από την Αμερική/την Βρετανία.
How are you? *(formal + pl.)*	Τι κάνετε;
How are you? *(sing. informal)*	Τι κάνεις;
I'm fine.	Είμαι καλά.

 REMEMBER

Greek has a voiced and unvoiced 'th', as does English:

δ is a voiced 'th' as in '<u>then</u>', represented by th in the pronunciation;

θ is an unvoiced 'th' as in '<u>thin</u>', represented by TH in the pronunciation.

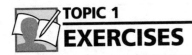

I. Look at the pictures and decide what the people are saying to each other, choosing from the expressions in the box below, as in the example.

1 παρακαλώ

4 ευχαριστώ

2 καλωσορίσατε

5 καλησπέρα

3 καλημέρα

6 καλώς σας βρήκαμε

2. Match the Greek pronouns to the English, as in the example.

I	αυτός
you *(sing. informal)*	αυτό
you *(formal + pl.)*	αυτή
we	αυτές
he	εγώ
she	εσείς
it	αυτοί
they *(m)*	εσύ
they *(f)*	εμείς

3. Use an appropriate preposition (in, on, etc.) to say where the cat (**η γάτα**) is in relation to the car (**το αυτοκίνητο**).

1 Η γάτα είναι _____ αυτοκίνητο.

2 Η γάτα είναι _____ αυτοκίνητο.

3 Η γάτα είναι _____ αυτοκίνητο.

4 Η γάτα είναι _____ αυτοκίνητο.

4. You are sending a card to your friend, Costas, on his birthday. Write a brief message, using phrases from the list. Some of the words are given as clues.

Γειά _____, Κώστα!

Ευτυχισμένα _____.

_____ πολλά!

Τι _____; Είμαι _____.

Αντίο.

House and home

CORE VOCABULARY

house	σπίτι	spíti (n)
apartment	διαμέρισμα	thiamérisma (n)
villa	βίλα	víla (f)
apartment building	πολυκατοικία	polikatikía (f)
district, area	περιοχή	perioxí (f)
old	παλιός	paliós
modern	σύγχρονος	sínghronos
quiet	ήσυχος	ísihos
crowded	γεμάτος ανθρώπους	yematos anthrópoos
comfortable	άνετος	ánetos
to consist (of)	αποτελούμαι από	apoteloómai apó
floor (level)	όροφος	órofos (m)
room	δωμάτιο	thomátio (n)
bedroom	υπνοδωμάτιο	ipnothomátio (n)
sitting room	σαλόνι	salóni (n)
living room	καθιστικό	kaтнistikó
dining room	τραπεζαρία	trapezaría
office, study, desk	γραφείο	grafío (n)
kitchen	κουζίνα	koozína (f)
bathroom	μπάνιο	bánio (n)
garden	κήπος	kípos (m)

park	πάρκο	párko (n)
street	δρόμος	thrómos (m)
rent	νοίκι	níki (f)
furnished	επιπλωμένος	epiploménos
carpet	τάπητας	tápitas (m)
curtain	κουρτίνα	koortína (f)
sofa	καναπές	kanapés (m)
bed	κρεβάτι	kreváti (n)
oven	φούρνος	foórnos (m)
refrigerator	ψυγείο	psiyío (n)
table	τραπέζι	trapezi (n)
chair	καρέκλα	karékla (f)
door	πόρτα	pórta (f)
window	παράθυρο	paráтнiro (n)
bell	κουδούνι	koothoóni (n)
air-conditioning	κλιματισμός	klimatismós (m)
elevator	ασανσέρ	asansér (n)
to live, to reside	μένω	méno
to rent	νοικιάζω	nikiázo

FURTHER VOCABULARY

reception room	σαλόνι	salóni (n)
hall, reception area	χολ	hol (n)
stairs, ladder	σκαλοπάτια	skalopátia (n pl)
garage	γκαράζ	garáz (n)
swimming pool	πισίνα	pisína (f)
furniture	έπιπλα	épipla (n pl)
place	μέρος	méros (m)
for sale	πωλείται	polítai

parking space	πάρκιγκ	parking *(n)*
it is situated (in)	βρίσκεται (σε)	vrísketai (se)
to move (to)	μετακομίζω	metakomízo

USEFUL PHRASES

We have a house with three bathrooms.	Έχουμε ένα σπίτι με τρία μπάνια.
The ground floor consists of the kitchen, the dining room and the living room.	Το ισόγειο αποτελείται από την κουζίνα, την τραπεζαρία, και το σαλόνι.
I live in an apartment on the first floor of a large apartment building.	Μένω σε ένα διαμέρισμα στον πρώτο όροφο μίας μεγάλης πολυκατοικίας.
My house is situated in the district of the Akropolis	Το σπίτι μου βρίσκεται στην περιοχή της Ακρόπολης.
My room is small but it's comfortable.	Το δωμάτιό μου είναι μικρό, αλλά είναι άνετο.

REMEMBER

In Greek, there are three genders: *masculine*, *feminine* and *neuter*. Every noun has a specific gender. You can usually tell the gender of a noun by its ending. Masculine nouns usually end in −ος, -ας, or -ης. Feminine nouns usually end in −α or -η. Neuter nouns usually end in −ο, -ι, or -μα. Words that are borrowed from another language, for example γαράζ (garage) and σινεμά (movie theater), are usually neuter.

An adjective describing a noun has to agree with its gender, whether it is singular or plural, and its position in the sentence (subject, object, etc.).

ένας μεγάλος κήπος	a large garden
μία μοντέρνα κουζίνα	a modern kitchen
ένα ήσυχο πάρκο	a quiet park

I. Complete the crossword using the Greek equivalents of the words in the list.

Across

I office

4 hall

Down

I garage

2 living room

3 house

2. Label the pictures with the appropriate adjective in the box below.

1 ήσυχος

2 παλιός

3 γεμάτος ανθρώπους

4 καινούριος

3. Translate the sentences below. Remember that the adjective has to agree with the noun.

a   The house is large. _____

b   The villa is old. _____

c   The elevator is crowded. _____

d   The apartment is new and furnished. _____

e   The room is comfortable. _____

4. Label the rooms in the house, using the words in the box.

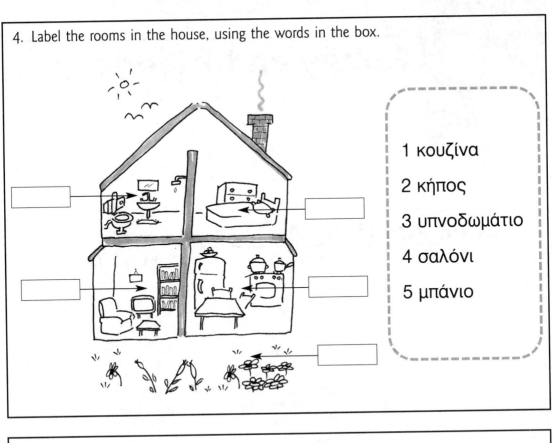

1 κουζίνα

2 κήπος

3 υπνοδωμάτιο

4 σαλόνι

5 μπάνιο

5. Write 3–4 sentences about your home. Include details such as:

● whether it's a house or an apartment (how many floors?)

● a short description (quiet? comfortable? large?, etc.)

● one or two details about the individual rooms

Family and friends

CORE VOCABULARY

family	οικογένεια	ikoyénia *(f)*
relative	συγγενής	singenís *(m, f)*
father	πατέρας	patéras *(m)*
mother	μητέρα	mitéra *(f)*
parents	γονείς	gonís *(pl)*
brother	αδελφός	athelfós *(m)*
sister	αδελφή	athelfí *(f)*
son	γιός	yios *(m)*
daughter	κόρη	kóri *(n)*
wife	γυναίκα	yineka *(f)*
husband	άντρας	ándras *(m)*
boy	αγόρι	agóri *(n)*
girl	κορίτσι	korítsi *(n)*
uncle	θείος	THíos *(m)*
aunt	θεία	THía *(f)*
cousin *(male)*	ξάδελφος	ksádelfos *(m)*
cousin *(female)*	ξαδέλφη	ksadélfi *(f)*
grandfather	παππούς	papoós *(m)*
grandmother	γιαγιά	yiayiá *(f)*
grandson	έγγονος	égonyios *(m)*
granddaughter	εγγονή	egoní *(f)*

nephew	ανηψιός	anipsiós (m)
niece	ανηψιά	anipsiá (f)
bride	νύφη	nífi (f)
bridegroom	γαμπρός	gambrós (m)
married	παντρεμένος	pandreménos
marriage	γάμος	gámos (m)
divorced	διαζευγμένος	thiazevgménos
divorce	διαζύγιο	thiazíyio (n)
single (male)	ελεύθερος	eléfтнeros
single (female)	ελεύθερη	eléfтнeri
child	παιδί	paithí (n)
man	άντρας	ándras (m)
woman	γυναίκα	yinéka (f)
youth	νεαρός/νεαρή	nearós (m)/nearí (f)
friend (male)	φίλος	fílos (m)
friend (female)	φίλη	fíli (f)
to be born	γεννιέμαι	yeniémai
to die	πεθαίνω	peтнéno
to get married	παντρεύομαι	pandrévomai

FURTHER VOCABULARY

members of the family	μέλη της οικογένειας	méli tis ikoyénias
fiancé	αρραβωνιαστικός	aravoniastikós (m)
fiancée	αρραβωνιαστικιά	aravoniastikyá (f)
separated	χωρισμένος	xorisménos
twin	δίδυμος/-η	thíthimos/-i (m/f)
young woman	κοπέλλα	kopélla (f)
adult	ενήλικος/-η	enílikos/-i (m/f)
mother-in-law	πεθερά	peтнerá (f)
father-in-law	πεθερός	peтнerós (m)

adolescent	έφηβος	éfivos *(m/f)*
orphan	ορφανός/-ή	orfanós/-i *(m/f)*
widower	χήρος	híros *(m)*
widow	χήρα	híra *(f)*
ancestors	πρόγονοι	prógoni *(pl)*
to name	ονομάζω	onomázo
to introduce	συστήνω	sistíno
to first meet	γνωρίζω	gnorízo
to bring up	ανατρέφω	anatréfo
to adopt	υιοθετώ	iothetó

 # USEFUL PHRASES

Who's this? *(m/f)*	Ποιός/ποιά είναι αυτός/αυτή;
This is my friend, Maria.	Αυτή είναι η φίλη μου, η Μαρία.
This is my brother, Markos.	Αυτός είναι ο αδελφός μου, ο Μάρκος.
Pleased to meet you.	Χαίρω πολύ.
I have a friend whose name is Kostas.	Έχω έναν φίλο που τον λένε Κώστα.
I was born in London.	Γεννήθηκα στο Λονδίνο.
My mother was born in the year ...	Η μητέρα μου γεννήθηκε το ...
My grandfather died last year.	Ο παππούς μου πέθανε πέρσι.
I first met my friend Sara at school.	Γνώρισα την φίλη μου την Σάρα στο σχολείο.

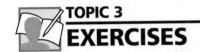

1. How many of the words from the list can you find?

ο	α	β	ξ	μ	κ	λ	ε
ι	κ	τ	υ	η	ζ	φ	λ
κ	ο	ρ	ι	τ	σ	ι	ε
ο	π	α	ω	ε	φ	λ	υ
γ	ε	ν	σ	ρ	π	ο	θ
ε	λ	τ	ξ	α	α	ς	ε
ν	λ	ρ	μ	δ	ι	γ	ρ
ε	α	α	ι	π	δ	ε	ο
ι	χ	ς	ψ	ο	ι	ω	ς
α	γ	ο	ρ	ι	θ	ρ	χ

family

girl

boy

friend (male)

husband

mother

child

single (male)

young woman

2. Fill in the gaps in the family tree, as in the examples.

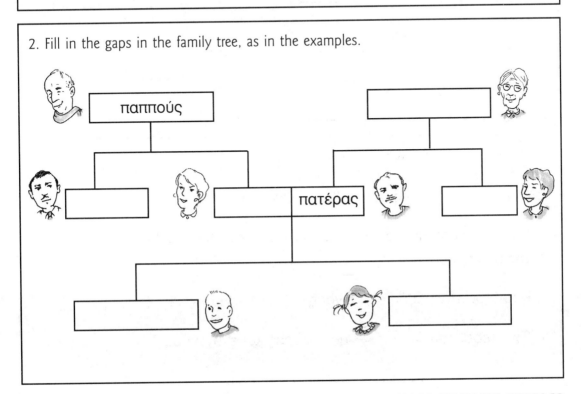

παππούς

πατέρας

3. Fill the boxes with synonyms (words with the same meaning) or near-synonyms (words with a similar meaning, or with the same meaning but a different gender).

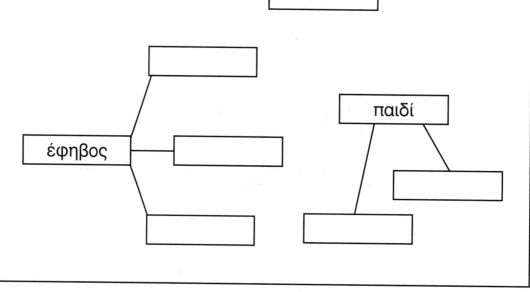

4. Complete the following sentences.

1 Ο άντρας της φίλης μου πέθανε. Είναι μία _____ .

2 Η αδελφή μου παντρεύεται το Σεπτέμβριο. Γνώρισε τον _____ της στο πανεπιστημιο.

3 Η μητέρα της μαμάς μου είναι η _____ μου.

4 Έχω τέσσερα _____ – τρεις κόρες και ένα αγόρι.

5. Write 4–5 sentences about your family and friends. Include details such as:

- how many brothers and sisters or children you have (+ names)

- where and when you and other family members were born

- the name(s) of friend(s) and where you met them

_____

_____

_____

_____

_____

 REMEMBER

To say 'my', 'yours', 'his', etc. in Greek the possessive word comes *after* whatever is possessed: το παιδί μου (<u>my</u> child), ο πατέρας της (<u>her</u> father), η μητέρα του (<u>his</u> mother).

To talk about possession in Greek, we use a particular form for the possessor – the genitive case. The genitive case is the rough equivalent of the English possessive 's:

This is George's father. = Αυτός είναι ο πατέρας του Γιώργου.
(literally: this is the father of the George)

This is Maria's mother. = Αυτή είναι η μητέρα της Μαρίας.
(literally: this is the mother of the Maria)

Remember that you also have to include the definite article ('the') before the possessor, and that the person's name changes its form. Γιώργο<u>ς</u> becomes Γιώργ<u>ου</u>, and Μαρί<u>α</u> becomes Μαρί<u>ας</u>.

Character and feelings

CORE VOCABULARY

personality	προσωπικότητα	prosopikótita (f)
character	χαρακτήρας	haraktíras (m)
characteristic	χαρακτηριστικό	haraktiristikó (n)
manners	τρόποι	trópi (m pl)
feelings	συναισθήματα	sinaisτHímata (n pl)
temperament	τεμπεραμέντο	temperaménto (n)
nice	συμπαθητικός	simpaτHitikós
pleased	ευχαριστημένος	efharistiménos
happy	ευτυχισμένος	eftihisménos
sad	θλιμμένος	τHliménos
truthful	ειλικρινής	ilikrinís
sorry	λυπημένος	lipiménos
funny	αστείος	astíos
distressing	οδυνηρός	othinirós
exciting	συναρπαστικός	sinarpaktikós
amazing	εκπληκτικός	ekpliktikós
different	διαφορετικός	diaforetikós
similar	παρόμοιος	parómios
strange	παράξενος	paráksenos
normal, usual	κανονικός	kanonikós
boring	βαρετός	varetós
strong	ισχυρός	is-hirós

weak	αδύνατος	athínatos
angry	θυμωμένος	THimoménos
shy	ντροπαλός	dropalós
generous	γενναιόδωρος	yeneóthoros
miserly	φιλάργυρος	filáryiros
intelligent	έξυπνος	éksipnos
stupid	ηλίθιος	alíTHios
lazy	τεμπέλης	tembélis
energetic	δυναμικός	thinamikós
well-behaved	ευγενικός	evyenikós
afraid (of)	φοβισμένος	fovisménos
joyful	χαρούμενος	haroúmenos
very	πολύ	polí
a little	λίγο	lígo
completely	εντελώς	endelós
to like	μου αρέσει	moo arési
to hate	μισώ	misó
to feel	αισθάνομαι	esTHánomai

FURTHER VOCABULARY

mood	διάθεση	thiáTHesi (f)
loyal	πιστός	pistós
sincere	ειλικρινής	ilikrinís
patient	υπομονετικός	ipomonetikós
serious	σοβαρός	sovarós
hard-working	εργατικός	ergatikós
famous	διάσημος	thiásimos
noisy	θορυβώδης	THoribóthis
quiet	ήρεμος	íremos
rudeness, lack of manners	αγένεια	ayénia (f)

amazement, surprise	έκπληξη	ékpliksi *(f)*
disappointment	απογοήτευση	apogoítefsi *(f)*
loneliness	μοναξιά	monaksiá *(f)*
fear	φόβος	fóvos *(m)*
excitement	ενθουσιασμός	enтнoosiasmós *(m)*
horrible	φρικτός	friktós
pleasant	ευχάριστος	efháristos
selfish	εγωιστικός	egoistokós
reasonable	λογικός	logikós
nervous	νευρικός	nevrikós
wise	σοφός	sofós
brave	γενναίος	yennaíos
to smile	χαμογελώ	hamoyeló
to laugh	γελάω	yeláo
to cry	κλαίω	kléo
to lie	λέω ψέματα	léo psémata
to believe, to think	νομίζω	nomízo
to think, to reflect	σκέπτομαι	sképtomai

 # USEFUL PHRASES

My father is in a good mood today.	Ο πατέρας μου έχει καλή διάθεση σήμερα.
Yesterday he was in a bad mood.	Χθες είχε κακή διάθεση.
I feel shy/lonely.	Αισθάνομαι ντροπαλός/μόνος.
I was disappointed.	Ήμουν απογοητευμένος.
He can't stand the sight of me. *(Literally, "He can't digest me.")*	Αυτός δεν με χωνεύει.
She was in floods of tears. *(Literally, "Her tears ran like a river.")*	Τα δάκρυά της έτρεχαν ποτάμι.
Loneliness is the hardest company.	Η μοναξιά είναι η πιο σκληρή παρέα.

EXERCISES

I. Find words from the main vocabulary list to describe the people in the pictures.

1 _____

2 _____

3 _____

4 _____

5 _____

6 _____

2. Write down the opposites of the adjectives below.

1 ευτυχισμένος _____

2 δυναμικός _____

3 θορυβώδης _____

4 έξυπνος _____

5 φιλάργυρος _____

3. From the vocabulary list, put the adjectives into these categories:

- very positive (πολύ θετικό)
- positive (θετικό)
- negative (αρνητικό)
- very negative (πολύ αρνητικό)

πολύ θετικό	θετικό	αρνητικό	πολύ αρνητικό

REMEMBER

Many everyday verbs in Greek are irregular in the past tense and are spelt very differently.

είμαι (íme) I am	*changes to*	ήμουν (ímoun) I was
είναι (íne) he/she/it is	*changes to*	ήταν (ítan) he/she/it was
έχω (éxo) I have	*changes to*	είχα (íxa) I had
έχει (éxi) he/she/it has	*changes to*	είχε (íxe) he/she/it had

4. Here is a short paragraph in which someone describes the personality of a cousin, Anna:

Το όνομά της είναι Άννα, και είναι η ξαδέλφη μου (η κόρη του θείου μου). Μένει στην Νέα Υόρκη. Είναι πολύ ήρεμη. Μερικά θετικά χαρακτηριστικά της είναι ότι είναι έξυπνη, γενναιόδωρη, και ειλικρινής. Ένα αρνητικό χαρακτηριστικό είναι ότι είναι τεμπέλα. Νομίζω ότι δεν είναι εργατική στο σχολείο.

Now write a similar paragraph about someone you know, or a famous person. Use the following phrases to help you:

- his/her name is... το όνομά του/της είναι...

- he/she is from... είναι από την/τον/το...

- he/she lives in... μένει στην/στον/στο...

- some of his/her positive characteristics are that... μερικά θετικά χαρακτηριστικά του/της έιναι ότι...

- some of his/her negative characteristics are that... μερικά αρνητικά χαρακτηριστικά του/της έιναι ότι...

_____

_____

_____

_____

_____

_____

Shopping

CORE VOCABULARY

shop	μαγαζί	magazí *(n)*
store	κατάστημα	katástima *(n)*
open	ανοικτός	aniktós
closed	κλειστός	klistós
market	αγορά	agora *(f)*
shopping mall	εμπορικό κέντρο	emborikó kéntro *(n)*
price	τιμή	timí *(f)*
cash *(money)*	μετρητά	metritá *(n pl)*
money	λεφτά	leftá *(n pl)*
inexpensive	φτηνός	ftinós
expensive	ακριβός	akrivós
offer	προσφορά	prosforá *(f)*
seller	πωλητής	politís *(m)*
merchant	έμπορος	émboros *(m)*
bakery	αρτοπωλείο	artopolío *(m)*
butcher	χασάπης	hasápis *(m)*
fish seller	ψαράς	psarás *(m)*
grocery store	παντοπώλης	pandopólis *(m)*
tailor	ράφτης	ráftis *(m)*
jeweler	κοσμηματοπώλης	kosmimatopólis *(m)*
wallet	πορτοφόλι	portofóli *(n)*

bag	τσάντα	tsanda (f)
sack, bag	σακούλα	sakoóla (f)
copper	χαλκός	halkós (m)
silver	ασήμι	asími (n)
gold	χρυσός	xrisós (m)
leather	δέρμα	thérma (f)
wood	ξύλο	xsílo (n)
free	δωρεάν	thoreán
gift	δώρο	thóro (n)
few, a little	μερικοί, λίγο	merikí, lígo
many, much	πολλοί, πολύ	polí, polí
account, bill	λογαριασμός	logariasmós (m)
receipt	απόδειξη	apóthiksi (f)
reduction, sale	έκπτωση	ékptosi (f)
to pay	πληρώνω	pliróno
to buy	αγοράζω	agorázo
to give	δίνω	thíno
to cost	κοστίζω	kostízo
it is found, it is located	βρίσκεται	vrísketai

FURTHER VOCABULARY

department	τμήμα	tmíma (n)
bottle	μπουκάλι	bookáli (n)
pack	πακέτο	pakéto (n)
tin	κονσέρβα	konsérva (f)
box	κουτί	kootí (n)
handbag	τσάντα	tsánda (f)
handmade	χειροποίητος	hiropítos
ivory	ελεφαντόδοντο	elefantóthonto (n)
check	επιταγή	epitayí (f)

travelers' checks	ταξιδιωτικές επιταγές	taksithiotikés epitayés *(f pl)*
credit card	πιστωτική κάρτα	pistotikí kárta *(f)*
guarantee	εγγύηση	engí-isi *(f)*
currency	νόμισμα	nómisma *(n)*
exchange	συνάλλαγμα	sinálagma *(n)*
cashier	ταμίας	tamías *(m)*
exchange rate	τιμή συναλλάγματος	timí sinalágmatos *(f)*
the change	τα ρέστα	ta résta *(n pl)*
tax	φόρος	fóros *(m)*
trader	έμπορος	émboros *(m)*
traditional	παραδοσιακός	paradosiakós
natural	φυσικός	fisikós
artificial	ψεύτικος	pséftikos
to open	ανοίγω	anígo
to close	κλείνω	klíno
to choose	διαλέγω	thialégo
to change/to exchange	αλλάζω	alázo
to agree *(e.g. on a deal)*	συμφωνώ	simfonó

USEFUL PHRASES

May I help you?	Πώς μπορώ να σας βοηθήσω;
How much is this?	Πόσο είναι; Πόσο κοστίζει αυτό;
Is this the final price?	Αυτή είναι η τελική τιμή;
Do you arrange shipping?	Μπορείτε να οργανώσετε την μεταφορά;
When does the store close?	Πότε κλείνει το μαγαζί;

EXERCISES

I. Choose a word from the list below to describe each of the pictures.

ανοικτός	ράφτης
ακριβός	τσάντα
ψαράς	φτηνός
μπουκάλι	κλειστός

2. Match the store signs with the activities:

A Have your shirt mended

B Change travelers' checks

C Browse for souvenirs

D Buy a packet of sugar

E Find a bargain

F Buy a ring or bracelet

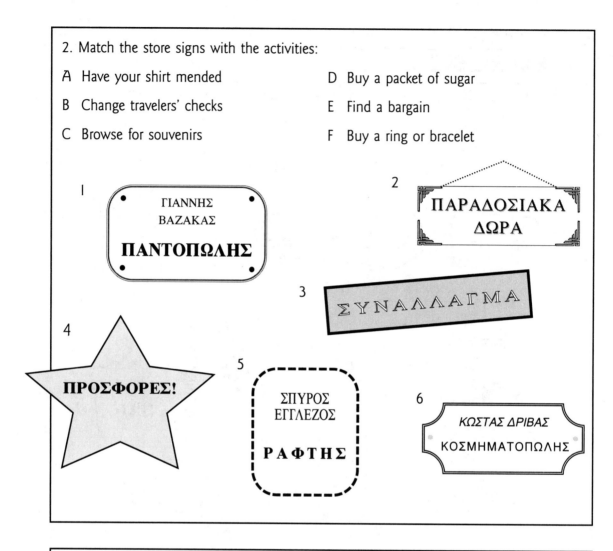

1
ΓΙΑΝΝΗΣ
ΒΑΖΑΚΑΣ

ΠΑΝΤΟΠΩΛΗΣ

2
**ΠΑΡΑΔΟΣΙΑΚΑ
ΔΩΡΑ**

3
ΣΥΝΑΛΛΑΓΜΑ

4
ΠΡΟΣΦΟΡΕΣ!

5
ΣΠΥΡΟΣ
ΕΓΓΛΕΖΟΣ

ΡΑΦΤΗΣ

6
ΚΩΣΤΑΣ ΔΡΙΒΑΣ
ΚΟΣΜΗΜΑΤΟΠΩΛΗΣ

3. Circle the odd-one-out in each set of words.

1 χρυσός	ασήμι	νόμισμα	χαλκός
2 μαγαζί	κατάστημα	αγορά	επιταγή
3 παραδοσιακός	ψεύτικο	φυσικός	λογαριασμός
4 τσάντα	σακούλα	πορτοφόλι	τμήμα

4. Make six sentences about a shopping trip, using the grid below to help you. The first column on the left gives you expressions to say *when* you went; the next column gives *verbs of movement*; the next says *where* you went; the remaining columns show how to say *why* you went.

expressions of time	verbs of movement	places	intention	shopping verbs	items
το πρωί *(in the morning)*	πήγα *(I went)*	στην αγορά *(to the market)*	να *(to)*	αγοράσω *(I buy)*	μερικά ρούχα *(some clothes)*
το απόγευμα *(in the afternoon)*	πήγαμε *(we went)*	στο μαγαζί *(to the store)*	για να *(in order to)*	διαλέξουμε *(we choose)*	μερικά δώρα *(some gifts)*
το βράδυ *(in the evening)*	πήγα με τα πόδια *(I walked)*	στην τράπεζα *(to the bank)*		αλλάξω *(I change/ exchange)*	μερικά λεφτά *(some money)*
πρώτα *(first)*	πήγαμε *(we walked)*	στο παντοπωλείο *(to the grocery store)*		πληρώσουμε *(we pay)*	μερικούς λογαριασμούς *(some bills)*
μετά *(then)*		*etc. (see vocabulary)*			*etc. (see vocabulary)*
μετά από αυτό *(after that)*					

Example: Το πρωί πήγα στην τράπεζα για να αλλάξω μερικά λεφτά.

   In the morning I went to the bank in order to change some money.

 REMEMBER

• In Greek there is no 'infinitive' form of verbs ('to' form in English: 'to go', 'to come', etc.). To refer generally to a verb, Greek uses the εγώ (I) form *(first person singular)*: ανοίγω, κλείνω (I open, I close), and this is the form used in the lists in this book.

• After να (na) the verb takes the ending of the person doing the action. Many verbs change their form after να, for example αλλάζω (I exchange) changes to (να) αλλάξω; αγοράζω (I buy) changes to αγοράσω.

Clothes and colors

CORE VOCABULARY

clothes	ρούχα	roóha (n pl)
fashion	μόδα	mótha (f)
uniform (outfit)	στολή	stolí (n)
underwear	εσώρουχο	esórooho (n)
size	μέγεθος	mégeтнos (n)
shirt	πουκάμισο	pookámiso (n)
trousers, pants	παντελόνι	pandelóni (n)
shoe	παπούτσι	papoótsi (n)
sandal	σανδάλι	santháli (n)
jacket	σακάκι, ζακέτα	sakáki (n), zakéta (f)
suit	κοστούμι	kostóomi (n)
dress	φόρεμα	fórema (n)
skirt	φούστα	foósta (f)
blouse	μπλούζα	blóoza (f)
coat	παλτό	paltó (n)
glove	γάντι	gándi (n)
sock	κάλτσα	káltsa (f)
hat	καπέλο	kapéllo (n)
belt	ζώνη	zóni (f)
jeans	τζιν	dzin (n)
bathrobe	ρόμπα	róba (f)

cloth, textile	ύφασμα	ífasma *(n)*
wool	μαλλί	malí *(n)*
cotton	βαμβάκι	vamváki *(n)*
silk	μετάξι	metáksi *(n)*
black	μαύρος	mávros
red	κόκκινος	kókkinos
yellow	κίτρινος	kítrinos
blue	μπλε	ble
white	άσπρος	áspros
green	πράσινος	prásinos
brown	καφέ	kafé
orange	πορτοκαλί	portokáli
pink	ροζ	roz
purple	πορφυρός	porfirós
light *(color)*	ανοιχτό	anihtó
dark, deep *(color)*	σκούρο	skoóro
comfortable	άνετος	ánetos
to wear	φοράω	foráo
to take off	βγάζω	vgázo

FURTHER VOCABULARY

sleeve	μανίκι	maníki *(n)*
collar	γιακάς	yiakás *(m)*
pocket	τσέπη	tsépi *(n)*
label	ετικέτα	etikéta *(f)*
sweater	πουλόβερ	poolóver *(n)*
raincoat	αδιάβροχο	athiávroho *(n)*
tie	γραβάτα	graváta *(f)*
scarf	κασκώλ	kaskól *(n)*
buckle	αγκράφα	angráfa *(f)*

sole	σόλα	sóla (f)
vest	γιλέκο	giléko (n)
ring	δαχτυλίδι	thaktilíthi (n)
earring	σκουλαρίκι	skoularíki (n)
necklace	κολλιέ	kolié (n)
to put on	βάζω	vázo
to iron	σιδερώνω	sitheróno
to repair	επιδιορθώνω	epithiorᴛнópo

USEFUL PHRASES

These clothes suit you	Αυτά τα ρούχα σας πηγαίνουν.
What's your size?	Ποιο είναι το μέγεθός σας;
Is this silk/cotton/wool?	Αυτό είναι μετάξι/βαμβάκι/μαλλί;
This skirt is too tight/too big.	Αυτή η φούστα είναι πολύ στενή/ πολύ φαρδιά.
I'd prefer the color to be darker/lighter.	Προτιμάω ένα πιο ανοιχτό/σκούρο χρώμα.
Safety first! (*'Take care of your clothes so you have half left'*)	Φύλαγε τα ρούχα σου για να'χεις τα μισά!

REMEMBER

To ask about someone's clothes and/or shoe sizes you can use the question Ποιο είναι το μέγεθός σας; or Ποιο είναι το νούμερό σας;

To ask if an item is in a certain color, you can say Έχετε αυτό το πουκάμισο σε χρώμα κίτρινο; *(Do you have this shirt in [color] yellow?).*

To say something is too small (tight)/too big, you can say Αυτή η φούστα είναι πολύ στενή/πολύ φαρδιά. *(This skirt is too tight/too big).*

To say something suits or doesn't suit you, you can use the verb 'go': Αυτό το παλτό (δεν) μου πάει. *(This coat (doesn't) go [with] me).*

EXERCISES

I. Find words in the vocabulary list to describe the pictures below.

1 _____

2 _____

3 _____

4 _____

5 _____

6 _____

7 _____

8 _____

---

2. Circle the odd-one-out in each set of words.

1 σακάκι	κοστούμι	παλτό	κολλιέ
2 παντελόνι	πουκάμισο	μπλούζα	πουλόβερ
3 βαμβάκι	μετάξι	μαλλί	μέγεθος
4 μαύρος	μπλε	παπούτσια	ροζ

3. Maria is a very tidy person. She has a shelf for each type of clothing.

Shelf 1: upper body clothing (blouses, sweaters, etc.)
Shelf 2: lower body clothing (pants, skirts, etc.)
Shelf 3: jewelry
Shelf 4: accessories (hats, scarves, etc.)
Shelf 5: footwear

Maria is at work. Her little sister Katerina has just been through her wardrobe and taken all the items out to try them on, but can't remember where everything goes. Can you help Katerina put everything back in the right place before Maria gets back?

Write the shelf number next to the item in the box below, as in the example.

μπλούζα 1   γάντι ☐   κάλτσες ☐   παντελόνι ☐

κολλιέ ☐   τζιν ☐   φούστα ☐   δαχτυλίδι ☐

σακάκι ☐   ζώνη ☐   σανδάλια ☐   παπούτσια ☐

κασκώλ ☐   καπέλο ☐   πουλόβερ ☐   σκουλαρίκια ☐

4. You are about to go clothes shopping for you and your family. Make 5–6 sentences about what you plan to buy for them. Use the table below to help you.

want/like	to buy/wear	description *(adj)*	clothing	for whom
θέλω *(I want)*	να αγοράσω *(to buy – "I")*	μεγάλους/-ες/-α *(large)*	ρούχα *(clothes)*	για την μητέρα μου *(for my mother)*
θέλει *(he wants)*	να αγοράσει *(to buy – "he")*	κοντούς/-ές/-ά *(short)*	παπούτσια *(shoes)*	για τον γιό μου *(for my son)*
θέλει *(she wants)*	να αγοράσει *(to buy – "she")*	μικρούς/-ές/-ά *(small)*	πουκάμισα *(shirts)*	για τον αδελφό μου *(for my brother)*
μου αρέσει *(I like)*	να φοράω *(to wear – "I")*	έναν/μία/ένα όμορφο/-η *(a beautiful)*	μπλούζα *(blouse)*	*(etc.)*
του αρέσει *(he likes)*	να φοράει *(to wear – "he")*	έναν/μία/ένα πράσινο/-η *(a green)*	ζώνη *(belt)*	
της αρέσει *(she likes)*	να φοράει *(to wear – "she")*	*(see p.55 for more about plurals)*	πουκάμισο *(shirt)*	

Examples: θέλω να αγοράσω όμορφα ρούχα για την κόρη μου.
I want to buy beautiful clothes for my daughter.

Της αρέσει να φοράει μία πράσινη μπλούζα
She likes to wear a green blouse.

 REMEMBER

To say 'I like' something in Greek, a special phrase is used: **μου αρέσει**, literally 'it pleases to me'. The phrase **μου αρέσει** is for a singular item. If the subject of the sentence (what is liked) is plural, this means the verb also has to be in the plural: **μου αρέσουν τα ρούχα σας** (I like your clothes.) To say you don't like something, the negative **δεν** goes in front of the whole phrase: **δεν μου αρέσει να φοράω κοντές φούστες** (I don't like to wear short skirts).

Food and drink

CORE VOCABULARY

food	φαγητό	fayitó *(n)*
menu, list	κατάλογος	katálogos *(m)*
dish, course	πιάτο	piáto *(n)*
meal	γεύμα	yévma *(n)*
sugar	ζάχαρη	záhari *(n)*
butter	βούτυρο	voótiro *(n)*
salt	αλάτι	aláti *(n)*
pepper	πιπέρι	pipéri *(n)*
bread	ψωμί	psomí *(n)*
rice	ρύζι	rízi *(n)*
oil	λάδι	láthi *(n)*
cheese	τυρί	tirí *(n)*
egg/-s	αυγό/-ά	avgó/-á *(n)*
meat	κρέας	kréas *(n)*
lamb, mutton	αρνί	arní *(n)*
beef	μοσχάρι	mosxári *(n)*
pork	χοιρινό	hirinó *(n)*
chicken	κοτόπουλο	kotópoolo *(n)*
fish	ψάρι	psári *(n)*
vegetables	λαχανικά	lahaniká *(n pl)*
fruit	φρούτο/-α	froóto/-á *(n)*

salad	σαλάτα	saláta *(f)*
onion/-s	κρεμμύδι/-ια	kremíthi/-ia *(n)*
potato/-es	πατάτα/-ες	patáta/-es *(f)*
carrot/-s	καρότο/-α	karóto/-a *(n)*
olive/-s	ελιά/-ές	eliá/-és *(f)*
grape/-s	σταφύλι/-ια	stafíli/-ia *(n)*
apple/-s	μήλο/-α	mílo/-a *(n)*
orange/-s	πορτοκάλι/-ια	portokáli/-ia *(n)*
lemon/-s	λεμόνι/-ια	lemóni/-ia *(n)*
banana/-s	μπανάνα/-ες	banána/-es *(f)*
milk	γάλα	gála *(n)*
juice	χυμός	himós *(m)*
water	νερό	neró *(n)*
coffee	καφές	kafés *(m)*
tea	τσάι	tsái *(n)*
alcohol	οινόπνευμα	inópnevma
dessert, sweet	γλυκό	glikó *(n)*
to eat	τρώω	tróo
to drink	πίνω	píno

FURTHER VOCABULARY

can, tin, box	κονσέρβα	konsérva *(f)*
canned food	τρόφιμα σε κονσέρβα	trófima *(n pl)* se konserva
plate	πιάτο	piáto *(n)*
cooking pot	κατσαρόλα	katsaróla *(f)*
vinegar	ξίδι	ksíthi *(n)*
sausage/-s	λουκάνικο/-α	lookániko/-a
chocolate	σοκολάτα	sokoláta *(f)*
mushrooms	μανιτάρια	manitária *(n pl)*
cauliflower	κουνουπίδι	koonoopíthi *(n)*

date/-s	χουρμάς/-άδες	hourmás/-áthes *(m)*
fig/-s	σύκο/-α	síko/-a *(n)*
cherry/-ies	κεράσι/-ια	kerási/-ia *(n)*
raisin/-s	σταφίδα/-ες	stafítha/-es *(f)*
pineapple	ανανάς	ananás *(m)*
strawberry	φράουλα	fráula *(f)*
green salad	πράσινη σαλάτα	prásini saláta *(f)*
vegetarian	χορτοφάγος	hortofágos *(m/f)*
fried	τηγανιτός	tiganitós
barbecued, grilled	ψητός	psitós
boiled	βρασμένος	vrazménos
drink	ποτό	potó *(n)*
mineral water	μεταλλικό νερό	metalikó neró *(n)*
cola	κόλα	kola *(f)*
wine	κρασί	krasí *(n)*
beer	μπύρα	bíra *(f)*
to eat *(a meal)*	τρώω	tro
to taste	δοκιμάζω	thokimázo
to have breakfast	τρώω πρωινό	tróo proeenó
to have lunch	τρώω μεσημεριανό	tróo mesimerianó
to have dinner	τρώω βραδινό	tróo vrathinó

USEFUL PHRASES

"Bon appétit!"	Καλή όρεξη!
"To your health!"	Στην υγεία σου/σας!
I'd like a kilo of apples please.	Θέλω ένα κιλό μήλα, παρακαλώ.
Tea with milk, please.	Τσάι με γάλα, παρακαλώ.
I drink coffee without sugar.	Πίνω καφέ χωρίς ζάχαρη.

EXERCISES

I. Choose a word from the list below to describe each of the pictures.

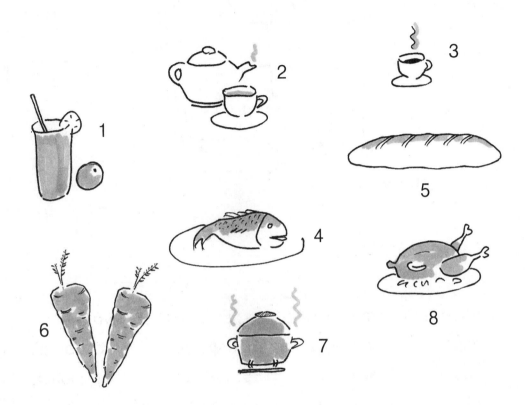

ψάρι	χυμός
κοτόπουλο	κατσαρόλα
καφές	ψωμί
καρότα	τσάι

2. You have just returned from the market (**αγορά**) and need to unload the shopping into the refrigerator (**ψυγείο**). Put each item from the box below in rhe right section.

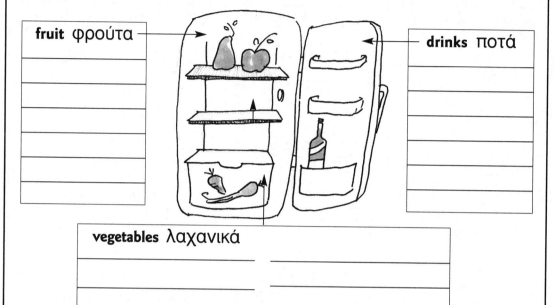

fruit φρούτα

drinks ποτά

vegetables λαχανικά

μανιτάρια   πορτοκάλια   κρεμμύδια   γάλα

νερό   χυμός μήλο   σταφύλια   κουνουπίδι

κεράσια   κόλα   μπανάνες   φράουλες

ελιές   καρότα   χυμός πορτοκάλι

3. Circle the odd-one-out in each set of words.

1	πιπέρι	αλάτι	κοτόπουλο	λάδι
2	καφές	βούτυρο	χυμός	νερό
3	κατάλογος	πιάτο	κατσαρόλα	κονσέρβα
4	καρότα	ελιές	κρεμμύδια	επιδόρπιο

4. Describe your eating habits. You should say what time you have your meals and what you normally eat. Use the tables below to help you.

how often?	meal	time *(hour)*	time *(minute)*	adverb
συνήθως *(usually)*	τρώω πρωινό *(I have breakfast)*	στη μία *(at 1 o'clock)*	και μισή *(half past)*	ακριβός *(exactly)*
μερικές φορές *(sometimes)*	τρώω μεσημεριανό *(I have lunch)*	στις δύο *(at 2 o'clock)*	και τέταρτο *(quarter past)*	περίπου *(approximately)*
πάντα *(always)*	τρώω βραδινό *(I have dinner)*	στις τρεις *(at 3 o'clock)*	πάρα τέταρτο *(quarter to)*	

meal	eat/drink	food/drinks	with/without	condiment
για πρωινό *(for breakfast)*	τρώω *(I eat)*	σαλάτα *(salad)*	με *(with)*	ζάχαρη *(sugar)*
για μεσημεριανό *(for lunch)*	πίνω *(I drink)*	καφέ *(coffee)*	χωρίς *(without)*	ξίδι *(vinegar)*
για βραδινό *(for dinner)*	προτιμάω *(I prefer)*	τσάι *(tea)*		

 REMEMBER

The Greek for 'the coffee' is **ο καφές** – it is a masculine word. When it is the subject of a sentence, it is formed like this: **Μου αρέσει ο καφές πολύ.** ('Coffee pleases me very much' = I like coffee very much). When **καφές** is not the subject of the sentence the final **–ς** is ommitted: **Πίνω καφέ για πρωινό** (I drink coffee for breakfast). This form is called the *accusative*. If you are ordering two or more coffees you have to use the plural ending: **Θέλω δύο καφέδες χωρίς ζάχαρη** (I want two coffees without sugar.)

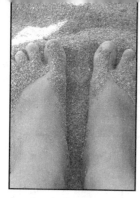

The body

CORE VOCABULARY

body	σώμα	sóma (n)
skeleton	σκελετός	skeletós (m)
head	κεφάλι	kefáli (n)
face	πρόσωπο	prósopo (n)
eye	μάτι	máti (n)
ear	αυτί	aftí (n)
nose	μύτη	míti (f)
mouth	στόμα	stóma (n)
tongue	γλώσσα	glóssa (f)
neck	λαιμός	laimós (m)
belly, stomach	κοιλιά, στομάχι	kiliá, stomáxi (n)
arm	χέρι, βραχίονας	héri (n), vraxíonas (m)
leg	πόδι	póthi (n)
foot	πόδι (πέλμα)	póthi (pélma) (n)
knee	γόνατο	gónato (n)
hand	χέρι	héri (n)
elbow	αγκώνας	angónas (m)
wrist	καρπός	karpós (m)
shoulder	ώμος	ómos (m)
tooth	δόντι	thóndi (n)
finger	δάχτυλο	tháktilo (n)

toe	δάχτυλο ποδιού	tháktilo *(n)* pothioó
thumb	αντίχειρας	andíhiras *(m)*
chest	στήθος	stíthos *(m)*
back	πλάτη	pláti *(f)*
heart	καρδιά	karthiá *(f)*
hair	μαλλιά	maliá *(n pl)*
brain	εγκέφαλος	engéfalos *(m)*
blood	αίμα	éma *(n)*
lung	πνεύμονας	pnévmonas *(m)*
lip	χείλι	híli *(n)*
bone	κόκκαλο	kókalo *(n)*
skin	δέρμα	thérma *(f)*
to see	βλέπω	vlépo
to hear	ακούω	akoó-o
to smell	μυρίζω	mirízo
to taste	γεύομαι	yévomai
to move *(something)*	κινώ	kinó
to move *(yourself)*	κινούμαι	kinoóme
to touch	αγγίζω	angízo

 REMEMBER

To say 'I have a headache, stomach ache' etc., the phrase (με) πονάει is used.
The part of the body becomes the subject of the sentence:

Το κεφάλι με πονάει. (I have a headache, literally 'My head hurts.')

Το στομάχι με πονάει. (I have a stomach ache.)

If what hurts is plural, then the verb must also be plural:

Τα πόδια με πονάνε πολύ. (My feet hurt a lot.)

FURTHER VOCABULARY

muscle	μυς	mis *(m)*
fat	λίπος, πάχος	lípos *(m)*, páhos *(m)*
kidney	νεφρό	nefró *(n)*
throat	λαιμός	laimós *(m)*
chin	πηγούνι	pigoúni *(n)*
cheek	μάγουλο	mágoulo *(n)*
eyebrow	φρύδι	fríthi *(n)*
eyelash	βλεφαρίδα	vlefarítha *(f)*
moustache	μουστάκι	moostáki *(n)*
beard	γενειάδα	yeniátha

 USEFUL PHRASES

I have a pain in my leg.	Το πόδι με πονάει.
Her hair is long and black.	Τα μαλλιά της είναι μακριά και μαύρα.
Take care of it very well *('like your eyes')*	Πρόσεχέ το σαν τα μάτια σου!
I got very scared *('it cut my blood')*	Μου κόπηκε το αίμα.
From the bottom of my heart.	Από τα βάθη της καρδιάς μου.
I'm tongue tied.	Μου δένεται η γλώσσα.

EXERCISES

---

1. How many of the words from the list can you find?

σ	π	π	λ	α	τ	η
τ	ρ	μ	χ	ν	ο	ς
ο	ο	μ	υ	τ	ι	η
μ	σ	ψ	β	ι	ζ	ξ
α	ω	ξ	λ	χ	α	κ
φ	π	ρ	χ	ε	ρ	ι
ι	ο	θ	ς	ι	γ	σ
τ	υ	ι	ο	ρ	α	δ
σ	τ	ο	μ	α	χ	ι
ρ	ε	β	ζ	ς	ψ	α

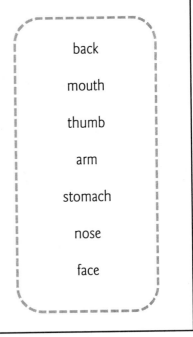

back

mouth

thumb

arm

stomach

nose

face

---

2. Match each sense with the relevant part of the body.

I...

γεύομαι...

βλέπω...

ακούω...

αγγίζω...

μυρίζω...

with my...

με το χέρι μου.

με τα αυτιά μου.

με την μύτη μου.

με τα μάτια μου.

με την γλώσσα μου.

3. Label the parts of the body, using the vocabulary list to help you.

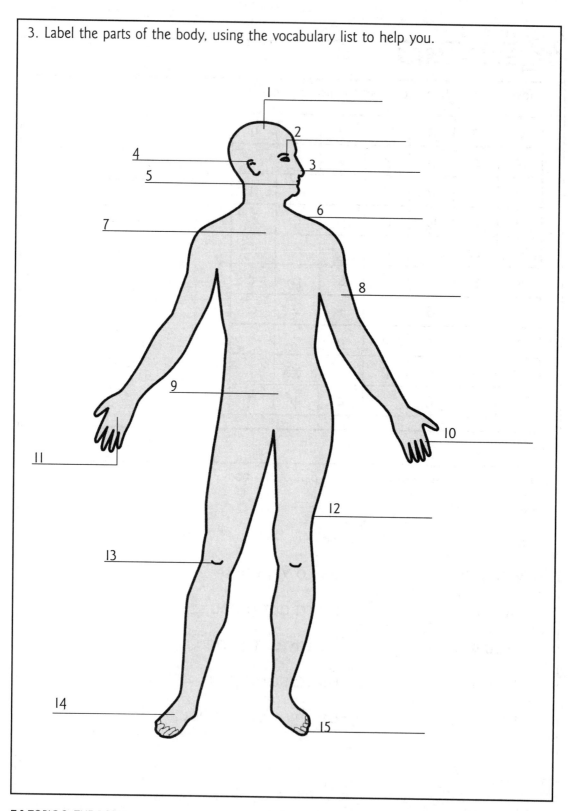

1 _____

2 _____

3 _____

4 _____

5 _____

6 _____

7 _____

8 _____

9 _____

10 _____

11 _____

12 _____

13 _____

14 _____

15 _____

4. Describe yourself or someone you know, based on the table below.

negation (do not)	have	adjective (masculine)	adjective (feminine)	adjective (neuter)	part of the body
		singular			
	έχω (I have)	έναν όμορφο (a beautiful)	μία όμορφη (a beautiful)	έένα όμορφο (a beautiful)	πρόσωπο (face)
	έχετε (you have)	έναν μικρό (a small)	μία μικρή (a small)	ένα μικρό (a small)	μύτη (nose)
		plural			
δεν	έχει (s/he has)	μακριούς (long)	μακριές (long)	μακριά (long)	μαλλιά (hair)
	έχουμε (we have)	ξανθούς (fair)	ξανθές (fair)	ξανθά (fair)	μάτια (eyes)
	έχουν (they have)	μαύρους (black)	μαύρες (black)	μαύρα (black)	βλεφαρίδες (eyelashes)
		(etc. see vocabulary list)	(etc. see vocabulary list)	(etc. see vocabulary list)	βραχίονες (arms)

 REMEMBER

Plural endings of nouns (and the adjectives that describe them) vary in Greek according to the gender and the role the word plays in the sentence, for example whether the word is the *subject* of the sentence (and so in the *nominative* case) or the *object* (and so in the *accusative* case). Here is a summary of the changes:

	singular ending	plural (subject)	plural (object)
masculine nouns	–ος	–οι	–ους
	–ας, –ης	–ες	–ες
feminine nouns	–α, –η	–ες	–ες
neuter nouns	–ο, –ι	–α	–α

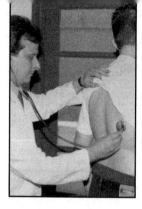

Health

CORE VOCABULARY

health	υγεία	iyía (f)
healthy	υγιής	iyís
illness	αρρώστια	aróstia (f)
patient (noun)	ασθενής	asтнenís (m/f)
cold	κρυολόγημα	kriolóyima (n)
congested (nose)	βουλωμένη (μύτη)	vouloméni (míti)
sick	άρρωστος	árostos
fever	πυρετός	piretós (m)
diarrhea	διάρροια	thiária (f)
cough	βήχας	víxas (m)
pulse	σφυγμός	sfigmós (m)
headache	πονοκέφαλος	ponokéfalos (m)
injury	τραύμα	trávma (f)
wound	πληγή	pliyí (n)
pain	πόνος	pónos (m)
painful	επίπονος	epíponos
medicine	φάρμακο	fármako (n)
pill	χάπι	hápi (n)
tablet	ταμπλέτα	tabléta (f)
thermometer	θερμόμετρο	тнermómetro (n)
accident	ατύχημα	atíhima (n)

hospital	νοσοκομείο	nosokomío *(n)*
doctor	γιατρός	yiatrós *(m, f)*
nurse	νοσοκόμα	nosokóma *(f)*
ambulance	ασθενοφόρο	asтнenofóro *(n)*
operation, surgery	εγχείρηση	enghírisi *(f)*
doctor's office	κλινική	klinikí *(f)*
cure, treatment	θεραπεία	тнerapía *(f)*
first aid	πρώτες βοήθειες	prótes voíтнies *(f pl)*
habit	συνήθεια	siníтнia *(f)*
addicted (to)	εθισμένος (σε)	eтнisménos (se)
smoking	κάπνισμα	kápnisma *(n)*
diet	δίαιτα	thíeta *(f)*
to suffer (from)	υποφέρω (από)	ipoféro (apó)
to take *(medicine, etc.)*	παίρνω	pérno
to fall	πέφτω	péfto
to break	σπάω	spáo
to cough	βήχω	vího
to swallow	καταπίνω	katapíno
to smoke	καπνίζω	kapnízo

FURTHER VOCABULARY

wheelchair	αναπηρική καρέκλα	anapirikí karékla *(f)*
protection	προστασία	prostasía *(f)*
cancer	καρκίνος	karkínos *(m)*
allergy	αλλεργία	alleryía *(f)*
diabetes	διαβήτης	thiavítis *(m)*
virus	ιός	iyós *(m)*
influenza	γρίπη	grípi *(f)*
chicken pox	ανεμοβλογιά	anemovloyiá *(f)*
measles	ιλαρά	ilará *(f)*

mumps	παρωτίτιδα	parotítida *(f)*
mental illness	διανοητική ασθένεια	thianoitikí asтнénia *(f)*
stress	στρες	stress *(n)*
bruise	μελανιά	melanyá *(f)*
blister	φουσκάλα	fooskála *(f)*
swelling	πρήξιμο	príksimo *(n)*
scar	σημάδι	simáthi *(n)*
sunstroke	ηλίαση	ilíasi *(f)*
blood pressure	πίεση του αίματος	píesi *(f)* too ématos
pregnant	έγκυος	éngios
to sneeze	φτερνίζομαι	fternízomai
to gargle	κάνω γαργάρα	káno gargára
to give up *(e.g. smoking)*	κόβω	kóvo

USEFUL PHRASES

I've had a headache ("my head hurts") since the morning.	Το κεφάλι μου πονάει από το πρωί.
What do you have for diarrhea?	Τι έχετε για διάρροια;
Call an ambulance!	Φωνάξτε το ασθενοφόρο!
The injury is serious.	Το τραύμα είναι σοβαρό.
She broke her leg.	Έσπασε το πόδι της.
Is the doctor coming now?	Ο γιατρός έρχεται τώρα;
I'm in my fifth month of pregnancy.	Είμαι έγκυος στον πέμπτο μήνα.

1. How many of the words from the list below can you find in the word search?

ω	υ	γ	ε	ι	α	σ	κ	π	δ
β	σ	λ	ε	β	υ	φ	α	ο	ι
θ	κ	ξ	θ	η	τ	υ	π	ν	α
ε	α	φ	ι	χ	ρ	γ	ν	ο	ρ
ρ	ψ	ω	σ	α	ι	μ	ι	κ	ρ
α	β	ζ	μ	ς	μ	ο	σ	ε	ο
π	υ	ρ	ε	τ	ο	ς	μ	φ	ι
ε	χ	α	ν	λ	κ	π	α	α	α
ι	φ	π	ο	ν	ο	ς	β	λ	π
α	σ	λ	ς	η	ξ	μ	ν	ο	λ
σ	υ	ν	η	θ	ε	ι	α	ς	β
κ	ρ	υ	ο	λ	ο	γ	η	μ	α

health	smoking	fever
addicted	treatment	headache
pain	habit	diarrhea
cold	cough	pulse

2. Find as many words as you can that link to the headings below:

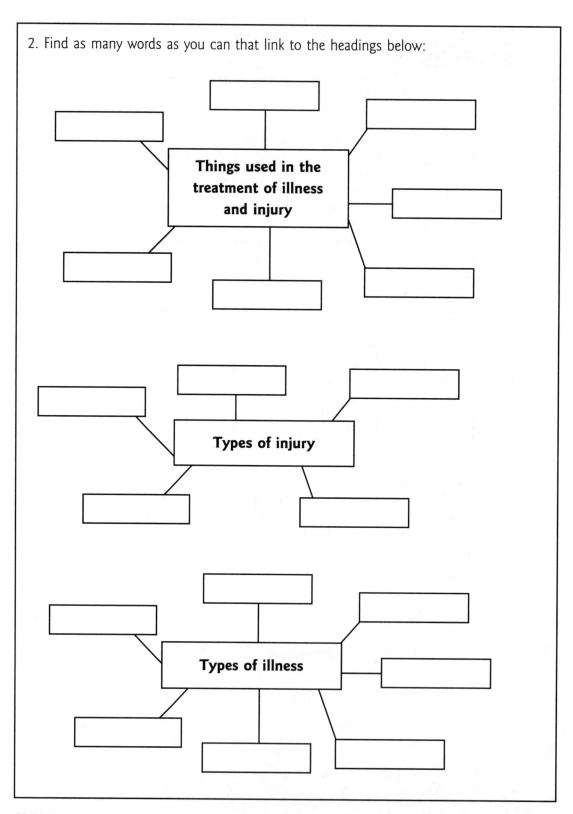

Things used in the treatment of illness and injury

Types of injury

Types of illness

3. Complete the following sentences, using the verbs in the box below.

1 Είμαι εθισμένος στο κάπνισμα. Μερικές φορές _____ 40 τσιγάρα την ημέρα.

2 Από την ημέρα του ατυχήματος, _____ στρες στα αυτοκίνητα.

3 Μετά το βραδινό η Μαρία _____ πόνο στο στομάχι.

4 Γιατί φτερνίζεστε και _____ όλη την ώρα; Έχετε κρυολόγημα;

> βήχετε   καπνίζω   είχε   υποφέρει από

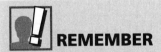 **REMEMBER**

To form the imperative (giving an instruction or order), a different form from the present tense is used. It is the same form as used after the future particle θα, and the particle να:

φωνάζω τώρα.   θα φωνάξω αύριο.   Φωνάξτε τον γιατρό!
I am calling now.   *I'll call tomorrow.*   *Call the doctor!*

The imperative above is the formal, plural form used with someone you don't know, or with more than one person. There are two forms for the imperative. The other is the familiar singular, used with a friend or a child: **φώναξε τον πατέρα σου** (call your father).

TOPIC 10

Hobbies

CORE VOCABULARY

hobby	χόμπι	hóbi *(n)*
spare time	ελεύθερος χρόνος	eléftheros krónos *(m)*
sport	σπορ	spor *(n)*
athletic, athlete	αθλητής	aΤΗlitís *(m)*
game	παιχνίδι	pexníthi *(n)*
player	παίχτης	péktis *(m)*
team	ομάδα	omáda *(f)*
training	προπόνηση	propónisi *(f)*
coach	προπονητής	proponitís *(m)*
football, soccer	ποδόσφαιρο	pothósfero *(n)*
basketball	μπάσκετ	básket *(n)*
volleyball	βόλεϊ	vólei *(n)*
running, jogging	τρέξιμο	tréksimo *(n)*
skiing	σκι	ski *(n)*
swimming	κολύμβηση	kolímvisi *(f)*
dancing	χορός	horós *(m)*
music	μουσική	moosikí *(f)*
singing, song	τραγούδι	tragoóthi *(n)*
group, band	συγκρότημα	singrótima *(n)*
singer	τραγουδιστής	tragoothistís *(m)*
musical instrument	μουσικό όργανο	musikó órgano *(n)*

flute	φλάουτο	fláuto (n)
violin	βιολί	violí (n)
guitar	κιθάρα	kithara (f)
piano	πιάνο	piano (n)
trumpet	τρομπέττα	trombétta (f)
drum	τύμπανο	tímpano (n)
reading	διάβασμα	diávasma (n)
movie theater	κινηματογράφος	kinimatográfos (m)
play (theater)	έργο	érgo (n)
drawing	σχέδιο	sxéthio (n)
photography	φωτογραφία	fotografíá (f)
hunting	κυνήγι	kiníyi (n)
fishing	ψάρεμα	psárema (n)
chess	σκάκι	skáki (n)
backgammon	τάβλι	távli (n)
board game	επιτραπέζιο παιχνίδι	epitrapézio pehníthi (n)
to play (sport/instrument)	παίζω	paízo
to train, to practice	προπονούμαι	proponoómai
to be interested in	ενδιαφέρομαι για	enthiaféromai yia

FURTHER VOCABULARY

rowing	κωπηλασία	kopilasía (f)
sailing	ιστιοπλοΐα	istioplía (f)
diving	κατάδυση	katáthisi (f)
camping	κατασκήνωση	kataskínosi (n)
horseback riding	ιππασία	ipasía (f)
horseracing	ιπποδρομίες	ipothromíes (f pl)
shooting	σκοποβολή	skopovolí (f)
fencing	ξιφασκία	ksifaskía (f)
wrestling	πάλη	páli (f)

weightlifting	άρση βαρών	ársi varón *(f)*
supporter	οπαδός	opathós *(m)*
member	μέλος	mélos *(m)*
model *(e.g. model plane)*	μοντέλο	modélo *(n)*
to go for a walk	πάω μία βόλτα	pao mía vólta
to run	τρέχω	trého
to jog	κάνω τζόκινγκ	pao tzóging
to stretch	τεντώνομαι	tentónomai
to knit	πλέκω	pléko
to cook	μαγειρεύω	mayerévo
to build	χτίζω	ktízo

 # USEFUL PHRASES

What do you like to do in your free time?	Τι σας αρέσει να κάνετε στον ελεύθερο χρόνο σας;
What's your favorite hobby?	Ποιο είναι το αγαπημένο σας χόμπι;
Whom do you support in soccer?	Τι ομάδα είστε;
I play the guitar and the piano.	Παίζω κιθάρα και πιάνο.
I'm not interested in sports.	Δεν ενδιαφέρομαι για σπορ.
I prefer reading.	Προτιμάω το διάβασμα.
I am a member of the club.	Είμαι μέλος του κλαμπ.

TOPIC 10
EXERCISES

I. Choose a word from the list below to describe each of the hobbies.

1 _____

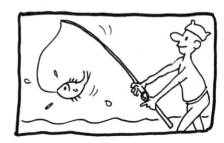

2 _____

3 _____

4 _____

5 _____

6 _____

| κατάδυση | διάβασμα | ψάρεμα |
| μουσική | μπάσκετ | ξιφασκία |

2. How many of the words from the list can you find?

π	ε	ρ	γ	ο	λ	μ	σ	μ
α	ξ	γ	η	ε	ρ	τ	π	ο
ι	λ	κ	σ	π	ο	ρ	ε	ν
χ	ο	ρ	ο	ς	α	ε	β	τ
τ	σ	χ	ζ	β	ω	ξ	υ	ε
η	κ	σ	χ	ε	δ	ι	ο	λ
ς	ι	ψ	φ	η	γ	μ	κ	ο
ω	β	π	ι	α	ν	ο	δ	ι
τ	ρ	α	γ	ο	υ	δ	ι	π
ξ	ι	φ	α	σ	κ	ι	α	α

sport

running

piano

player

song

drawing

dancing

model

play
(theater)

fencing

skiing

3. Arrange the activities below according to where they are normally carried out.

in water	outdoors (on land)	indoors	in a studio

ιπποδρομίες   κατασκήνωση   τραγούδι   επιτραπέζιο παιχνίδι

κωπηλασία   ιστιοπλοΐα   κολύμβηση   κινηματογράφος

φωτογραφία   άρση βαρών   σκάκι   βόλεϊ

μπάσκετ   κατάδυση   ιππασία   ψάρεμα

4. Write a paragraph about your hobbies. Use the tables below to help you make sentences.

I like/prefer...	activity	because	description
μου αρέσει (I like)	το ποδόσφαιρο (soccer)	γιατί είναι (because it is)	ευχάριστη/-ο (enjoyable)
προτιμάω (I prefer)	η/την κολύμβηση (swimming)		συναρπαστική/-ό (exciting)
ενδιαφέρομαι για (I'm interested in)	η/την φωτογραφία (photography)		εύκολο/-η (easy)
το αγαπημένο μου χόμπι είναι (My favorite hobby is)	(etc. see vocabulary list)		καλό/καλή για την υγεία (good for the health)

I play/do/practice...	at/in	with
παίζω... (I play...)	στο σπίτι (at home)	με τους φίλους μου (with my friends)
κάνω... (I do...)	στο κλαμπ (in the club)	με τους συναδέλφους μου (with my colleagues)
προπονούμαι... (I practice...)	στο πάρκο (in the park)	με τα μέλη της οικογένειάς μου (with members of my family)

 REMEMBER

The different form of articles, adjectives and nouns we use to talk about possession is called the *genitive* case. In the singular, **το κλαμπ του Γιώργου** (George's club, literally 'the club of George'); in the plural, **τα μέλη της οικογένειάς μου** (the members of my family). In the vocabulary list you can see 'weightlifting': **άρση βαρών** (literally 'lifting of weights'). The plural word 'weights' is in the genitive. The genitive plural article is **των** for all genders: **Μου αρέσει το σπίτι των συναδέλφων μου.** (I like my colleagues' house).

Media

CORE VOCABULARY

media	μέσα ενημέρωσης	mesa enimérosis (f)
communication	επικοινωνία	epikinonía (f)
technology	τεχνολογία	texnoloyía (f)
broadcast, broadcasting	αναμετάδοση	anametáthosi (f)
television	τηλεόραση	tileórasi (f)
radio	ραδιόφωνο	rathiófono (n)
sound	ήχος	íxos (m)
tape	ταινία	tainía (f)
disc	δίσκος	thískos (m)
recorder	μηχάνημα εγγραφής	mihánima engrafís (f)
press	τύπος	típos (m)
news item (plural = news)	είδηση, ειδήσεις	íthisi, ithísis (f)
newspaper	εφημερίδα	efimerítha (f)
magazine	περιοδικό	periothikó (n)
article	άρθρο	árthro (n)
computer	κομπιούτερ, υπολογιστής	kompioóter (n), ipoloyistís (m)
keyboard	πληκτρολόγιο	pliktrolóyio (n)
screen	οθόνη	οτΗόni (f)
printer	εκτυπωτής	ektipotís (m)
file	αρχείο	arhío (n)

Internet	Διαδίκτυο	thiadíktio *(n)*
website	ιστοσελίδα	istoselítha *(f)*
channel	κανάλι	kanáli *(n)*
telephone	τηλέφωνο	tiléfono *(n)*
mobile phone	κινητό	kinitó *(n)*
advertisement	διαφήμιση	thiafímisi *(f)*
program	πρόγραμμα	prógramma *(n)*
live broadcast	απευθείας μετάδοση	apefthías metáthosi *(f)*
journalist	δημοσιογράφος	thimosiográfos *(m)*
editor	συντάκτης	sindáktis *(m)*
director	διευθυντής	thiefтнintís *(m)*
producer	παραγωγός	paragogós *(m)*
correspondent	ανταποκριτής	andapokritís *(m)*
photographer	φωτογράφος	fotográfos *(m)*
broadcaster, announcer	εκφωνητής	ekfonitís *(m)*
to watch	βλέπω	vlépo
to listen	ακούω	akoó-o
to record	μαγνητοφωνώ	magnitofóno
to print	τυπώνω	tipóno
to publish	δημοσιεύω	dimosiévo

FURTHER VOCABULARY

press conference	συνέντευξη τύπου	sinéntefksi *(f)* típoo
editor-in-chief	αρχισυντάκτης	arhisindáktís *(m)*
newscast, bulletin	δελτίο	theltío *(n)*
transmission	μετάδοση	metáthosi *(f)*
report	έκθεση	ékтнesi *(f)*
news agency	πρακτορείο ειδήσεων	praktorío *(n)* ithíseon
soap opera	σαπουνόπερα	sapoonópera *(f)*

episode	επεισόδιο	episóthio (n)
satellite channel	δορυφορικό κανάλι	thoriforikó kanáli (n)
machine	μηχανή	mihaní (f)
World Wide Web	παγκόσμιος ιστός	pangósmios istós
programmer	προγραμματιστής	programatistís (m)
scanner	ανιχνευτής	anixneftís (m)
downloading	διαβίβαση	thiavívasi (f)
log-in name	όνομα σύνδεσης	ónoma (n) sínthesis
password	κωδικός πρόσβασης	kothikós (m) prósvasis
to produce	παράγω	parágo
to show, run (program, movie)	παρουσιάζω	paroosiázo
to save, to memorize	σώζω	sózo
to download	διαβιβάζω	thiavivázo

 # USEFUL PHRASES

Dear viewers, welcome to this episode.	Αγαπητοί τηλεθεατές, καλωσορίσατε σε αυτό το επεισόδιο.
Dear listeners, thank you for listening and goodbye.	Αγαπητοί ακροατές, ευχαριστούμε που μας ακούσατε και αντίο σας.
Generally, I prefer the Internet to newspapers.	Γενικά, προτιμώ το Διαδίκτυο από τις εφημερίδες.
This show is very interesting/ boring.	Αυτό το πρόγραμμα είναι πολύ ενδιαφέρον/βαρετό.
I like watching Greek movies.	Μου αρέσει να βλέπω ελληνικά έργα.

I. Choose a word from the list below to describe each of the pictures.

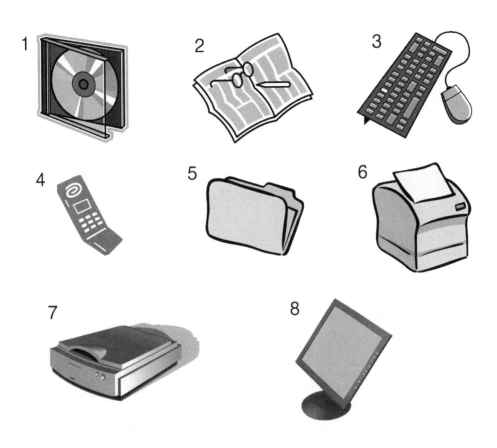

αρχείο	εφημερίδα
κινητό	εκτυπωτής
πληκτρολόγιο	οθόνη
ανιχνευτής	δίσκος

2. Fill in the gaps in the sentences below using the words in the box.

1 Μου αρέσει _____ τηλεόραση, αλλά δεν μου αρέσουν οι διαφημίσεις.

2 Αυτές τις μέρες, όλα _____ βρίσκονται στο Διαδίκτυο.

3 Αλλά της γιαγιάς μου ακόμα της αρέσει _____ το ραδιόφωνο.

4 Ο συντάκτης στο πρακτορείο ειδήσεων γράφει _____ για αυτό το περιοδικό.

5 Μπορείτε επίσης να διαβάσετε αυτά τα άρθρα στην _____ του περιοδικού στο Διαδίκτυο.

να ακούει   ιστοσελίδα   τα νέα   άρθρα   να βλέπω

 REMEMBER

A few adjectives derive from Ancient Greek and have unusual gender endings.

The singular word for 'interesting' is ενδιαφέρων in the masculine form, ενδιαφέρουσα in the feminine, and ενδιαφέρον in the neuter: Το άρθρο είναι πολύ ενδιαφέρον. (The article is very interesting.)

The plural ending for the masculine is ενδιαφέροντες, the feminine is ενδιαφέρουσες, and the neuter is ενδιαφέροντα: Οι ειδήσεις είναι πολύ ενδιαφέρουσες. (The news [f pl] is very interesting.)

Another adjective that follows the same pattern is μέλλων/μέλλουσα/μέλλον (future), as in Ο μέλλων άντρας μου είναι γιατρός. (My future husband is a doctor.)

3. Write eight sentences about your preferences when it comes to how you use the media. Use the table below to help you.

how often	preference	media	purpose
πάντα (always)	μου αρέσει να (I like to)	βλέπω τηλεόραση (watch television)	για τα διεθνή νέα (for international news)
συνήθως (usually)	προτιμάω να (I prefer to)	ακούω το ράδιο (listen to the radio)	για τα τοπικά νέα (for local news)
μερικές φορές (sometimes)		διαβάζω τις εφημερίδες (read the papers)	για τις ταινίες (for movies)
τις περισσότερες φορές (mostly)		σερφάρω το Διαδίκτιο (surf the Internet)	για τον καιρό (for the weather)
σπάνια (rarely)		χρησιμοποιώ το κινητό (use the mobile phone)	για διασκέδαση (for entertainment)

Weather and environment

CORE VOCABULARY

weather	καιρός	kerós (m)
environment	περιβάλλον	periválon (n)
nature	φύση	físi (f)
atmosphere, weather	ατμόσφαιρα	atmósfera (f)
climate	κλίμα	klíma (n)
season	εποχή	epohí (f)
spring	άνοιξη	ániksi (f)
summer	καλοκαίρι	kalokéri (n)
autumn, fall	φθινόπωρο	fтнinóporo (n)
winter	χειμώνας	himónas (m)
heat	ζέστη	zésti (f)
hot	ζεστός	zestós
clear, fine	αίθριος	éтнrios
temperature	θερμοκρασία	тнermokrasía (f)
cold (noun)	κρύο	krío
cold (adjective)	κρύος, ψυχρός	kríos, psihrós
warm	ζεστός, θερμός	zestós, тнermós
moderate, temperate	εύκρατος	éfkratos
humidity	υγρασία	igrasía (f)
cloud	σύννεφο	sínefo (n)
rain	βροχή	vrohí (f)

sunny	ηλιόλουστος	ilióloostos
cloudy	συννεφιασμένος	sinafiasménos
rainy	βροχερός	vroherós
ice, icy weather	πάγος, παγωνιά	págos (m), pagoniá (n)
snow, snowy weather	χιόνι, χιονιάς	hióni (n), hioniás (m)
sky	ουρανός	ooranós (m)
land, earth, globe	γη	yi (f)
sun	ήλιος	ílios (m)
moon	φεγγάρι	fengári (n)
water	νερό	neró (n)
air	αέρας	aéras (m)
earth (soil)	χώμα	hóma (n)
fire	φωτιά	fotiá (f)
wind	άνεμος	anemos (m)
storm	θύελλα	THíela (f)
pollution	ρύπανση	rípansi (f)
cause, reason	αιτία, λόγος	etía (f), logos (m)
to cause	προκαλώ	prokaló
to protect	προστατεύω	prostatévo

FURTHER VOCABULARY

fog	ομίχλη	omíhli (f)
flood	πλημμύρα	plimíra (f)
earthquake	σεισμός	sizmós (m)
tornado	ανεμοστρόβιλος	anemostróvilos (m)
protection	προστασία	prostasía (f)
planet	πλανήτης	planítis (m)
natural	φυσικός	fisikós
organic	βιολογικός	violoyikós

harm	ζημιά	zimiá *(f)*
poisonous	δηλητηριώδης	thilitirióthis
lightning	αστραπή	astrapí *(f)*
sandstorm	αμμοθύελλα	amoтнíela *(f)*
snowstorm	χιονοθύελλα	hionoтнíela
heat wave	καύσωνας	káfsonas *(m)*
shade	σκιά	skiá *(f)*
wet	υγρός	igrós
dry	ξηρός	ksirós
drought	ξηρασία	ksirasía *(f)*
to pollute	μολύνω	molíno
to blow *(wind)*	φυσάω	fisáo

 # USEFUL PHRASES

How's the weather today?	Πως ειναι ο καιρός σήμερα;
The weather is cold/hot/ sunny/snowy.	Ο καιρός είναι κρύος/ζεστός/ ηλιόλουστος/χιονιάς.
Snow is falling.	Χιονίζει.
The wind is blowing.	Φυσάει.
The temperature is high/low.	Η θερμοκρασία είναι ψηλή/χαμηλή.
The Earth's temperature has risen greatly in recent years.	Η θερμοκρασία της Γης έχει ανεβεί πάρα πολύ τα τελευταία χρόνια.
Modern factories are one of the causes of pollution.	Τα μοντέρνα εργοστάσια είναι μία από τις αιτίες της ρύπανσης.

1. Complete the crossword using the clues provided.

Across

1 climate

2 Earth

6 water

7 damage

10 season

11 rain

Down

1 weather

2 spring

3 cold

5 sun

8 air

9 shade

2. Put the words in order, from the hottest to the coldest.

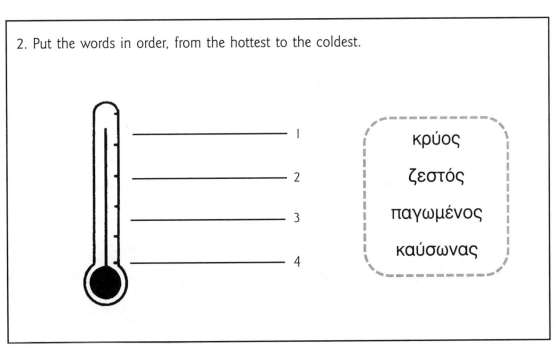

1 _____

2 _____

3 _____

4 _____

κρύος

ζεστός

παγωμένος

καύσωνας

3. Describe the weather in each picture. The words you need are all in the main vocabulary lists.

1 Ο καιρός είναι _____ .   2 Ο καιρός είναι _____ .

3 Ο καιρός είναι _____ .   4 Ο καιρός είναι _____ .

4. Describe the weather for this week, using the table below to help you.

day of the week	time of day	weather	description	temperature/ humidity	level
Κυριακή (Sunday)	το πρωί (in the morning)	ο καιρός είναι... (the weather is...)	ηλιόλουστος (sunny)	και η θερμοκρασία είναι... (and the temperature is...)	ψηλή (high)
Δευτέρα (Monday)	το απόγευμα (in the afternoon)		αίθριος (fine)		μέτρια (moderate)
Τρίτη (Tuesday)	το βράδυ (in the evening)		βροχερός (rainy)	και η υγρασία είναι... (and the humidity is...)	χαμηλή (low)
Τετάρτη (Wednesday)	την νύχτα (at night)		χιονιάς (snowy)		
Πέμπτη (Thursday)			ζεστός (hot)		
Παρασκευή (Friday)			κρύος (cold)		
Σάββατο (Saturday)			etc.		

 REMEMBER

To say what the weather was like in the past we can use the past of the verb 'to be':

Ο καιρός ήταν βροχερός χτες. (The weather was rainy yesterday.)
Η θερμοκρασία ήταν ψηλή. (The temperature was high.)

Or we can use weather verbs in the past tense:

Βρέχει σήμερα. (It's raining today.)
Έβρεξε χτες. (It rained yesterday.)

TOPIC 13

Local Area

CORE VOCABULARY

region	περιοχή	periohí (f)
place	μέρος	méros (m)
city	πόλη	póli (f)
countryside	εξοχή	eksohí (f)
village	χωριό	horió (n)
district, quarter	περιοχή	perioxí (f)
street, road, way	δρόμος	thrómos (m)
traffic	κυκλοφορία, κίνηση	kikloforía (f), kínisi (f)
congestion	συμφόρηση	simfórisi (f)
complex (offices, apartments, etc.)	πολυκατοικία	polikatikía (f)
building	κτήριο	ktírio (n)
town hall	Δημαρχείο	thimarhío (n)
school	σχολείο	sxolío (n)
hotel	ξενοδοχείο	ksenothohío (n)
restaurant	εστιατόριο	estiatório (n)
café	καφενείο	kafenío (n)
chemist, pharmacy	φαρμακείο	farmakío (n)
bank	τράπεζα	trápeza (f)
police station	αστυνομικό τμήμα	astinomikó tmíma (n)
gas station	βενζινάδικο	venzináthiko (n)

beach	παραλία, πλαζ	paralía (f), plaz (f)
church	εκκλησία	eklisía (f)
club	κλαμπ	klab (n)
library	βιβλιοθήκη	vivlioτHíki (f)
bookstore	βιβλιοπωλείο	vivliopolío (n)
downtown	κέντρο	kéndro (n)
post office	ταχυδρομείο	tahithromío (n)
movie theater	σινεμά, κινηματογράφος	sinemá (n), kinimatográfos (m)
theater	θέατρο	THéatro (n)
bridge	γέφυρα	yéfira (f)
palace	παλάτι	paláti (n)
farm	αγρόκτημα	agróktima (f)
mountain	βουνό	voonó (n)
river	ποταμός	potamós (m)
north	βορράς	vorás (m)
west	δύση	thísi (f)
south	νότος	nótos (m)
east	ανατολή	anatolí (f)
to roam around	περιπλανιέμαι	periplaniémai
to get lost	χάνομαι	hánomai

FURTHER VOCABULARY

path	μονοπάτι	monopáti (n)
temple	ναός	naós (m)
synagogue	συναγωγή	sinagoyí (f)
mosque	τζαμί	tzamí (n)
skyscraper	ουρανοξύστης	ooranoksístis (m)
suburb	προάστιο	proástio (n)

sport center	αθλητικό κέντρο	aτнlitikó kéntro *(n)*
garage	γκαράζ	garáz *(n)*
corner	γωνία	gonía *(f)*
forest	δάσος	thásos *(m)*
hill	λόφος	lófos *(m)*
to park *(a vehicle)*	σταθμεύω	staтнméno
to establish, to found	ιδρύω	ithrío

 # USEFUL PHRASES

Excuse me, where's the police station?	Συγνώμη, που είναι το αστυνομικό τμήμα;
Is this the way to the Old City?	Πάω καλά στην παλιά πόλη;
Go straight ahead.	Πηγαίνετε ευθεία.
Take the first street on the right/left.	Πάρτε τον πρώτο δρόμο δεξιά/αριστερά.
Is there a bank near here?	Έχει μια τράπεζα εδώ κοντά;
The park is located in front of the royal palace.	Το πάρκο βρίσκεται μπροστά από το παλάτι.

EXERCISES

I. Match the words below with the numbered features in the town.

εκκλησία   τράπεζα

καφενείο   δρομος

ξενοδοχείο   εστιατόριο

πολυκατοικία

2. How many of the words can you find in the word search?

α	σ	δ	δ	φ	γ	η	ξ	κ	λ	κ	π	ρ	λ
κ	θ	ι	ρ	π	ε	ρ	ι	ο	χ	η	υ	τ	ο
λ	γ	δ	ο	θ	ξ	ς	ε	ρ	τ	ν	γ	η	φ
φ	σ	υ	μ	φ	ο	ρ	η	σ	η	η	ξ	β	ο
τ	β	σ	ο	ρ	χ	ω	ρ	ι	ο	σ	κ	ο	ς
δ	σ	η	ς	π	η	ς	π	ο	λ	η	λ	υ	ζ
β	ν	μ	α	σ	δ	φ	γ	η	ξ	κ	μ	ν	χ
π	ο	λ	υ	κ	α	τ	ο	ι	κ	ι	α	ο	ω

region	congestion	hill	block
traffic	road	west	mountain
countryside	village	city	

 REMEMBER

After prepositions such as **σε** (to, on), **από** (from), **δίπλα σε** (beside/next to), **κάτω από** (under) and **με** (with) the accusative case is always used.

However, there is one preposition that takes the *genetive* case – **μεταξύ** (between):

Ο Γιάννης κάθεται μεταξύ του Γιώργου και της Μαρίας.
(John is sitting between George and Maria.)

3. Here is a description of the area where someone lives:

> Μένω σε μια μικρή πόλη που την λένε ..., που βρίσκεται στην δύση, κοντά στον/στο/στην ...
>
> Υπάρχουν μερικά όμορφα μαγαζιά, και πολλές αγορές στο κέντρο της πόλης.
>
> Υπάρχουν τρία σχολεία και μία καινούρια βιβλιοθήκη. Υπάρχει και ένα σινεμά, αλλά δεν υπάρχει θέατρο.
>
> Στα προάστια υπάρχει ένα μεγάλο πάρκο με έναν ποταμό, και υπάρχει ένα παλιό παλάτι στην εξοχή.

Now write a similar paragraph about where you live.
Use the following phrases to help you:

● I live in a town called/ a village called...	Μένω σε μία πόλη που την λένε/ ένα χωριό που το λένε...
● near to...	κοντά στον/στην/στο...
● It is situated in...	βρίσκεται σε...
● There is/are... but there isn't/aren't...	Υπάρχει/υπάρχουν..., αλλά δεν υπάρχει/υπάρχουν...

_____

_____

_____

_____

TOPIC 14

Travel and tourism

CORE VOCABULARY

travel, journey, trip	ταξίδι	taksíthi (n)
tourism	τουρισμός	toorismós (m)
visit	επίσκεψη	epískepsi (f)
country	χώρα	hóra (f)
traveler	ταξιδιώτης	taksithótis (m)
car	αυτοκίνητο	aftokínito (n)
taxi	ταξί	taksí (n)
bicycle	ποδήλατο	pothílato (n)
train	τραίνο	tréno (n)
plane	αεροπλάνο	aeropláno (n)
boat	καράβι	karávi (n)
ship	πλοίο	plío (n)
bus	λεωφορείο	leoforío (n)
airport	αεροδρόμιο	aerothrómio (n)
stop (bus, train, etc.)	στάση	stási (f)
station	σταθμός	staтнmós (m)
port, harbor	λιμάνι	limáni (n)
passport	διαβατήριο	thiavatírio (n)
visa	βίζα	víza (f)
ticket	εισιτήριο	isitírio (n)
one-way	απλό εισιτήριο	apló isitírio (n)

roundtrip *(ticket)*	εισιτήριο με επιστροφή	isitírio me epistrofí *(n)*
sea	θάλασσα	ΤΗálassa *(f)*
seaside	παραλία	paralíá *(f)*
ruins	ερείπια	erípia *(n pl)*
baggage	αποσκευές	aposkevés *(f pl)*
camera	φωτογραφική μηχανή	fotografikií mihaní *(f)*
fast	γρήγορος	grígoros
slow	αργός	argós
straight ahead	ευθεία	efΤΗía
abroad	στο εξωτερικό	sto eksoterikó
before	πριν	prin
after	μετά	metá
to go	πάω	pao
to walk	περπατάω	perpatáo
to return	επιστρέφω	epistréfo
to travel	ταξιδεύω	taksithévo
to ride, to catch, to board	επιβιβάζομαι, παίρνω	epivivázomai, perno
to spend *(time)*	περνάω	pernáo
to arrive	φτάνω	ftáno

FURTHER VOCABULARY

public transportation	δημόσιες συγκοινωνίες	thimósies singkinoníes *(f pl)*
means of transportation	μέσα συγκοινωνίας	mésa singkinonías *(m)*
seat	θέση	ΤΗési *(f)*
crossroad	σταυροδρόμι	stavrothrómi *(n)*
traffic lights	φανάρια	fanária *(n pl)*
railroad	σιδηρόδρομος	sithiróthromos *(m)*
campsite	κάμπινγκ	kámping *(n)*

tunnel	τούνελ, σήραγγα	toónel (n), síranga (f)
subway train	υπόγειο τραίνο	ipóyio tréno (n)
bus, coach	λεωφορείο, πούλμαν	leoforío (n), púllman (n)
youth hostel	ξενώνας για νέους	ksenónas (m) yia néoos
postcard	κάρτα	kárta (f)
on time	στην ώρα	stin óra
to take off	απογειώνομαι	apoyiónomai
to land	προσγειώνομαι	prosyiónomai
to cross	διασχίζω	thiasxízo
to hurry	βιάζομαι	viázomai
to receive	δέχομαι	théhomai
to welcome	καλωσορίζω	kalosorízo

 USEFUL PHRASES

Have a nice stay!	Καλή διαμονή!
Have a nice trip!	Καλό ταξίδι!
We spent six days in Athens.	Περάσαμε έξι μέρες στην Αθήνα.
We reserved a room overlooking the sea.	Κρατήσαμε ένα δωμάτιο με θέα στην θάλασσα.
We want to reserve seats on the train.	Θέλουμε να κρατήσουμε θέσεις στο τραίνο.
Is there airconditioning?	Έχει κλιματισμό;

I. Find words in the vocabulary list to describe the pictures below.

1 _____   2 _____

3 _____   4 _____

5 _____   6 _____

REMEMBER

In Greek the preposition **με** (with) is used for talking about means of transportation, when in English it would be 'by'. You also need to include the definite article (the):

Θα πάμε στην παραλία με το λεωφορείο.

We'll go to the beach by bus ('with the bus').

γαν στην Θεσσαλονίκη με το τραίνο.

They went to Thessaloniki by train.

2. Complete the crossword using the clues provided.

Across

1 bicycle

4 a/one (fem)

7 traffic lights

Down

1 beach

2 port

3 train

5 card

6 a/one (neut)

3. Complete the sentences below, matching each vehicle with the place where you would normally find it.

1 Το πλοίο είναι _____ _____ .

2 Το αεροπλάνο είναι _____ _____ .

3 Το τραίνο είναι _____ _____ .

4 Το λεωφορείο είναι _____ _____ .

στο αεροδρόμιο   στην στάση

στο λιμάνι   στον σταθμό

4. You are planning a trip involving several stops, and using different modes of transportation. Write a paragraph about the trip, using the future tense, with the help of the table below.

sequence	travel	go/catch	transportation	from/to
πρώτα *(first)*	θα ταξιδέψω… *(I will travel to...)*	θα πάω με… *(I will go by...)*	το λεωφορείο *([the] bus)*	από *(from...)*
έπειτα *(then)*		θα πάρω… *(I will catch...)*	το τραίνο *([the] train)*	σε *(to ...)*
ύστερα/μετά *(after that)*	θα ταξιδέψουμε… *(we will travel to...)*	θα πάμε με… *(we will go by...)*	το αεροπλάνο *([the] plane)*	
τελικά *(finally)*		θα πάρουμε… *(we will catch...)*	το πλοίο *([the] ship)*	
			το αυτοκίνητο *([the] car)*	
			το ποδήλατο *([the] bicycle)*	

_____

_____

_____

_____

_____

_____

Education

CORE VOCABULARY

student	φοιτητής/φοιτήτρια	fititís (m)/fitítria (f)
pupil	μαθητής/μαθήτρια	maтнitís (m)/maтнítria (f)
teacher	δάσκαλος/δασκάλα	tháskalos (m)/thaskála(f)
professor	καθηγητής/καθηγήτρια	kaтнiyitís(m)/kaтнiyítria(f)
elementary school	δημοτικό σχολείο	thimotiko skolío (n)
middle school	γυμνάσιο	yimnásio (n)
high school	λύκειο	líkio (n)
faculty	τμήμα	tmíma (n)
university	πανεπιστήμιο	panepistímio (n)
class, classroom	τάξη, αίθουσα	táksi (f), éтнousa (f)
semester, term	τρίμηνο	trímino (n)
lesson	μάθημα	máтнima (n)
homework	εργασία	ergasía (f)
book	βιβλίο	vivlío (n)
exercise book	τετράδιο	tetrádio (n)
pen/fountain pen	στιλό/πέννα	stiló (n)/pénna (f)
pencil	μολύβι	molívi (n)
eraser	γόμα	góma (f)
pencil sharpener	ξύστρα	ksístra (f)
ruler	χάρακας	hárakas (m)
notebook	σημειωματάριο	simiomatário (n)

dictionary	λεξικό	leksikó (n)
letter (of the alphabet)	γράμμα	gráma (n)
number	αριθμός	ariтнmós (m)
question	ερώτηση	erótisi (f)
answer	απάντηση	apándisi (f)
exam	διαγωνισμός, εξέταση	thiagonismós (m), eksétasi (f)
mathematics	μαθηματικά	maтнimatiká (n pl)
literature	φιλολογία	filoloyía (f)
English language	Αγγλική γλώσσα	anglikí glóssa (f)
Greek language	Ελληνική γλώσσα	ellinikí glóssa (f)
history	ιστορία	istoría (f)
geography	γεωγραφία	geografía (f)
science	επιστήμη	epistími (f)
biology	βιολογία	violoyía (f)
chemistry	χημεία	himía (f)
physics	φυσική	fisikí (f)
to study	σπουδάζω	spootházo
to teach	διδάσκω	thithásko
to learn	μαθαίνω	maтнéno

FURTHER VOCABULARY

headteacher, principal	διευθυντής	thiefтнintís (m)
school administration	σχολική διοίκηση	sxolikí thi-íkisi (f)
administrative worker	διοικητικός υπάλληλος	thi-ikitikós epálilos (m)
registration	εγγραφή	engrafí (f)
admissions office	γραφείο εισαγωγής	grafío isagoyís (n)
period, lesson	μάθημα	mátнima (n)
schedule	ωρολόγιο πρόγραμμα	orológio prógramm (n)
page	σελίδα	selítha (f)

ink	μελάνι	meláni *(n)*
scholarship	υποτροφία	ipotrofía *(f)*
board	πίνακας	pínakas *(m)*
chalk	κιμωλία	kimolía *(f)*
school uniform	σχολική στολή	sxolikí stolí *(f)*
private school	ιδιωτικό σχολείο	ithiotiko sxolío
public school	δημόσιο σχολείο	thimósio sxolío
nursery	βρεφικός σταθμός	vrefikós staтнmós
psychology	ψυχολογία	psiholoyía *(f)*
sociology	κοινωνιολογία	kinonioloyía *(f)*
economics	οικονομικά	ikonomiká *(n pl)*
to revise	κάνω επανάληψη	káno epanálipsi
to ask	ρωτάω	rotáo
to answer	απαντάω	apantáo
to enroll *(someone else)*	εγγράφω	engráfo
to enroll *(yourself)*	εγγράφομαι	engráfomai
to look for, to search	ψάχνω	psáhno
to memorize	απομνημονεύω	apomnimonévo

 USEFUL PHRASES

Raise your hand. *(sing)*	Σήκωσε το χέρι σου.
Take out your pen. *(sing)*	Βγάλε το στιλό σου.
Open your books. *(pl)*	Ανοίξτε τα βιβλία σας.
Do you have any questions? *(pl)*	Έχετε ερωτήσεις;

(See also list of instructions on page 105.)

EXERCISES

I. Choose a word from the vocabulary list to describe each of the pictures.

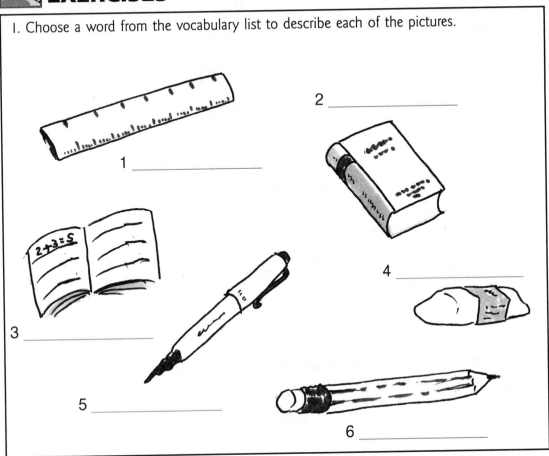

1 _____

2 _____

3 _____

4 _____

5 _____

6 _____

 REMEMBER

A more polite way of giving orders (imperative) uses the particle **να** followed by the 'you' form of either the singular or plural future tense.

The straightforward imperative would be:

Ανοίξτε τα βιβλία σας. (Open your books.)

To be more polite, you can say:

Να ανοίξετε τα βιβλία σας.

2. Write the plural of the word next to the singular (see page 55 for tip on forming plurals).

1 σχολείο _____

2 πανεπιστήμι _____

3 τάξη _____

4 βιβλίο _____

5 ερώτηση _____

6 αριθμός _____

7 χάρακας _____

8 σημειωματάριο _____

3. Fill in the blanks with the appropriate verb or phrase from the box below.

1 Είμαι φοιτητής και _____ αγγλική φιλολογία στο πανεπιστήμιο.

2 Θα ταξιδέψω στην Γαλλία _____ γαλλικά.

3 Είμαι καθηγητής στο τμήμα οικονομικών και _____ κοινωνιολογία.

4 _____ για τις εξετάσεις τον Μάϊο.

5 _____ τα βιβλία σας στην σελίδα 65.

6 Ο πατέρας μου _____ το Κοράνι όταν ήταν νέος.

7 Οι μαθητές _____ την απάντηση της ερώτησης στο Διαδίκτυο.

8 _____ και γαλλικά στο σχολείο;

απομνημόνευσε	Μαθαίνετε	Κάνω επανάληψη
σπουδάζω	για να μάθω	ψάχνουν
διδάσκω	Ανοίξτε	

4. Look at Dimitri's timetable for Monday and Tuesday. Make sentences about what he studies in every class. (See page 49 for help on expressing times of the day in Greek.)

	8πμ–9.30πμ	9.30πμ–11.15πμ	11.30πμ–1μμ	2μμ–3.30μμ
Δευτέρα (Monday)	Ιστορία	Χημεία	Ελληνική γλώσσα	Σωματική αγωγή
Τρίτη (Tuesday)	Αγγλική γλώσσα	Γεωγραφία	Βιολογία	Φυσική

Ο Δημήτρης σπουδάζει ιστορία την Δευτέρα από τις οχτώ το πρωί μέχρι τις εννέα και μισή.

On Monday Dimitris studies history from eight o'clock until half past nine.

_____

_____

_____

_____

_____

_____

Work

CORE VOCABULARY

work	εργασία	ergasía (f)
profession	επάγγελμα	epángelma (n)
job, position	δουλειά, θέση	thouliá (f), thési (f)
company	εταιρία	etería (f)
branch	υποκατάστημα	ipokatastima (n)
office	γραφείο	grafío (n)
experience	εμπειρία	embiría (f)
trade	εμπόριο	embório (n)
manager, director	διευθυντής/ διευθύντρια	diefтнintís (m)/ diefтнíntria (f)
worker	εργάτης/εργάτρια	ergátis (m)/ergátria (f)
secretary	γραμματέας	grammatéas (m/f)
employee	υπάλληλος	ipálilos (m/f)
civil servant	δημόσιος υπάλληλος	thimósios ipálilos (m/f)
expert	εμπειρογνώμονας	embirognómonas (m/f)
specialist	ειδικός	ithikós (m/f)
businessman/-woman	επιχειρηματίας	epihirimatías (m/f)
researcher	ερευνητής/ερευνήτρια	erevnitís (m)/erevnítria (f)
doctor	γιατρός	yiatrós (m/f)
trader	έμπορος	émboros (m/f)
lawyer	δικηγόρος	thikigóros (m/f)

judge	δικαστής	thikastís (m/f)
engineer, mechanic	μηχανικός	mihanikós (m/f)
pilot	πιλότος	pilótos (m/f)
driver	οδηγός	othigós (m/f)
employer, boss	εργοδότης, εργοδότρια	ergothótis (m), ergothótria (f)
electrician	ηλεκτρολόγος	ilektrológos (m/f)
plumber	υδραυλικός	ithravlikós (m/f)
cook, chef	μάγειρας/μαγείρισσα	máyiras (m)/mayírisa (f)
confectioner	ζαχαροπλάστης	zaharoplástis (m/f)
barber	κουρέας	kooréas (m)
florist	ανθοκόμος	aнтнokómos (m/f)
farmer	αγρότης/αγρότισσα	agrótis (m)/agrótisa (f)
artist	καλλιτέχνης	kalitéchnis (m/f)
unemployment	ανεργία	aneryía (f)
salary	μισθός	misтнós (m)
retirement	συνταξιοδότηση	sindaksiothótisi (f)
unemployed	άνεργος	ánergos
retired	συνταξιούχος	sindaksioóhos
to work	δουλεύω	thoolévo
to employ	απασχολώ	apascholó

FURTHER VOCABULARY

office	γραφείο	grafío (n)
factory	εργοστάσιο	ergostásio (n)
project	μελέτη	meléti (f)
plan	σχέδιο	schéthio (n)
future	μέλλον	melon (n)
organization	οργάνωση	orgánosi (f)
job vacancy	κενή θέση εργασίας	kení тнési ergasías

consultant	σύμβουλος	símboolos *(m/f)*
agent, representative	αντιπρόσωπος	andiprósopos *(m/f)*
accountant	λογιστής/λογίστρια	loyistís *(m)*/loyístria *(f)*
translator	μεταφραστής/ μεταφράστρια	metafrastís *(m)*/ metafrástria *(f)*
servant	υπηρέτης	ipirétis *(m/f)*
pension	σύνταξη	síndaksi *(f)*
exploitation	εκμετάλλευση	ekmetálevsi *(f)*
insurance	ασφάλεια	asfália *(f)*
ambitious	φιλόδοξος	filothoksos
gifted	ταλαντούχος	talantoóhos
part-time	μερική απασχόληση	merikí aposxólisi
full-time	πλήρης απασχόληση	plirís aposxólisi
to succeed	πετυχαίνω	petihéno
to fail	αποτυγχάνω	apoting-háno
to fire	απολύω	apolío
to earn	κερδίζω	kerthízo
to make, to manufacture	κατασκευάζω	kataskevázo
to pay	πληρώνω	pliróno
to run, to manage	διευθύνω	thiefтнíno

USEFUL PHRASES

What does your father/mother do?	Τι δουλειά κάνει ο πατέρας/η μητέρα σας;
Do you have a plan for the future?	Έχετε ένα σχέδιο για το μέλλον;
I want to be/become an engineer.	Θέλω να γίνω μηχανικός.
I want to work in a big company.	Θέλω να δουλέψω σε μία μεγάλη εταιρία.
Currently, I am looking for work.	Προς το παρόν, ψάχνω για δουλειά.
I work part-time every Sunday.	Δουλεύω μερική απασχόληση κάθε Κυριακή.

I. Choose a word from the vocabulary list to describe each of the professions.

1 _____

2 _____

3 _____

4 _____

5 _____

6 _____

7 _____

8 _____

2. Circle the odd-one-out in each set of words.

1 εργασία   καλλιτέχνης   επάγγελμα   θέση

2 γραφείο   εταιρία   οργάνωση   ανεργία

3 υδραυλικός   ηλεκτρολόγος   ζαχαροπλάστης   μηχανικός

4 διευθυντής   εργοδότης   ειδικός   υπηρέτης

5 δικαστής   σύνταξη   μισθός   ασφάλεια

3. Fill in the blanks with the appropriate verb, changing it to agree with the subject if necessary.

1 Ο πατέρας μου _____ σε μία μεγάλη τράπεζα στο Λονδίνο.

2 Ο γιός μου είναι δικηγόρος και ο μισθός του είναι καλός. _____ πιο πολλά από μένα.

3 Το εργοστάσιο _____ αυτοκίνητα.

4 Αυτή είναι η πιο μεγάλη εταιρεία στην πόλη. _____ τους μισούς κατοίκους.

5 Ο διευθυντής πρέπει να _____ μερικούς από τους εργάτες μετά την αποτυχία της μελέτης.

κατασκευάζει   δουλεύει   Κερδίζει

Απασχολεί   απολύσει

4. Talk about your profession and/or the professions of your family and friends, with the help of the table below.

who	verb	profession	in/for	description	place
εγώ (I)	είμαι (am) δουλεύω σαν (work as)	ερευνητής (a researcher) μηχανικός (an engineer)	σε ένα/ σε μία (in a) για ένα/ για μία (for a)	μεγάλο/ μεγάλη (big) μικρό/ μικρή (small)	εταιρία (company) τράπεζα (bank)
ο αδελφός μου (my brother)		etc. (see list)		καινούριο/ καινούρια (new)	οργάνωση (organization)
η αδελφή μου (my sister)	είναι (is) δουλεύει σαν (works as)			παλιό/ παλιά (old)	σχολείο (school)
ο πατέρας μου (my father)				ξένο/ ξένη (foreign)	εργοστάσιο (factory)
η μητέρα μου (my mother)				τοπικό/ τοπική (local)	etc. (see list)
ο φίλος/η φίλη μου (my friend)					

 REMEMBER

Many professions in Greek are the same in both the masculine and feminine, even if they refer to a woman in the job.

There is no definitive rule as to which professions keep the masculine form for the feminine, but it is usually those ending in —ος which stay the same in the feminine, for example πιλότος (pilot).

Those that end in —της change to the ending —τρια in the feminine, for example λογιστής, λογίστρια (accountant).

Examination tips and instructions in Greek

PREPARING FOR EXAMINATIONS

Once you have worked your way through this book, you will have the solid foundation in Greek vocabulary that you need to tackle examinations. Each examination has its own demands, so it is best to know what they are and tailor your preparation according to them.

1   Obtain examples of past papers and *go through them systematically*. Make a note of words that occur frequently. It may be that you already know most of the words, but watch out for new ones and make sure you learn them. Many examinations reuse a lot of vocabulary, so being familiar with the content of past papers is a sound strategy.

2   There are some things you might need to learn in addition to what you find in this book.
    - If you are at college or university, it is likely that there are particular texts that you need to be familiar with.
    - If you are preparing for a professional qualification in a particular field, it is important to know the technical vocabulary associated with it.

3   It is essential to know how the exam works. Find out about the grading scheme, so you have a clear idea of what you need to do for each question and how much time you are going to spend on it. (And make sure the information you have about the examination is up to date.)

4   If the instructions and questions are going to be in Greek, you will need to know what form they normally take. (You do not want to lose points because you did not understand what you had to do.) Opposite are some key Greek instructions often found in examinations.

INSTRUCTIONS IN GREEK

Read the following text.	Διαβάστε το παρακάτω κείμενο.
Look at the picture in front of you.	Κοιτάξτε την εικόνα μπροστά σας.
Listen to the announcement/ news report/dialog.	Ακούστε την ανακοίνωση/το δελτίο ειδήσεων/τον διάλογο.
Answer the following questions.	Απαντήστε στις παρακάτω ερωτήσεις.
Write the appropriate word/a summary/ a commentary/an analysis.	Γράψτε την κατάλληλη λέξη/μία περίληψη/ένα σχόλιο/μία ανάλυση.
Put a ✔ in front of the correct sentence.	Βάλτε ένα ✔ μπροστά από την σωστή φράση.
Fill in the blank with the appropriate word.	Συμπληρώστε το κενό με την κατάλληλη λέξη.
Complete the following sentences.	Συμπληρώστε τις παρακάτω φράσεις.
Say…/ Describe…	Πείτε…/Περιγράψτε…
Summarize…/ Define…	Συνοψίστε…/Προσδιορίστε…
Write a letter/a postcard.	Γράψτε ένα γράμμα/μία κάρτα.
Explain the meaning of the following phrases/words.	Εξηγήστε την σημασία των παρακάτω φράσεων/λέξεων.
Briefly mention the reasons.	Αναφέρετε εν συντομία τους λόγους.
Answer the letter.	Απαντήστε στο γράμμα.
Use the following words/phrases.	Χρησιμοποιείστε τις παρακάτω λέξεις/φράσεις.
Use your own words as much as possible.	Χρησιμοποήστε τις δικές σας λέξεις όσο περισσότερο μπορείτε.
…as shown in the example.	…όπως στο παράδειγμα.

Answers to exercises

This section gives model answers for the exercises. Note that there are no definitive answers to the final freestyle exercises and compositions in each topic.

Try to check your answers with a Greek-speaking friend or teacher.

TOPIC 1 BASIC EXPRESSIONS

Exercise 1

Exercise 2
See list page 9 for answers.

Exercise 3

1 Η γάτα είναι <u>επάνω στο</u> αυτοκίνητο.

2 Η γάτα είναι <u>μέσα στο</u> αυτοκίνητο.

3 Η γάτα είναι <u>κάτω από το</u> αυτοκίνητο.

4 Η γάτα είναι <u>δίπλα στο</u> αυτοκίνητο.

Exercise 4

Γειά σου, Κώστα!

Ευτυχισμένα γενέθλια.

Χρόνια πολλά!

Τι κάνεις; Είμαι καλά.

Αντίο.

TOPIC 2 HOUSE AND HOME

Exercise 1

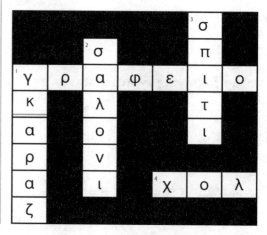

Exercise 2

Exercise 3

a Το σπίτι είναι μεγάλο.

b Η βίλα είναι παλιά.

c Το ασανσέρ είναι γεμάτο ανθρώπους.

d Το διαμέρισμα είναι καινούριο και επιπλωμένο.

e Το δωμάτιο είναι άνετο.

Exercise 4

TOPIC 3 FAMILY AND FRIENDS

Exercise 1

ο	α	β	ξ	μ	κ	λ	ε
ι	κ	τ	υ	η	ζ	φ	λ
κ	ο	ρ	ι	τ	σ	ι	ε
ο	π	α	ω	ε	φ	λ	υ
γ	ε	ν	σ	ρ	π	ο	θ
ε	λ	τ	ξ	α	α	ς	ε
ν	λ	ρ	μ	δ	ι	γ	ρ
ε	α	α	ι	π	δ	ε	ο
ι	χ	ς	ψ	ο	ι	ω	ς
α	γ	ο	ρ	ι	θ	ρ	χ

Exercise 2

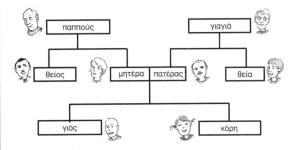

Exercise 3

φίλη – φίλος

ενήλικος – άντρας – γυναίκα

έφηβος – κοπέλλα – νεαρός – νεαρή

παιδί – αγόρι – κορίτσι

Exercise 4

1 Ο άντρας της φίλης μου πέθανε. Είναι μία χήρα.

2 Η αδελφή μου παντρεύεται το Σεπτέμβριο. Γνώρισε τον άντρα της στο πανεπιστημιο.

3 Η μητέρα της μαμάς μου είναι η γιαγιά μου.

4 Έχω τέσσερα παιδιά – τρεις κόρες και ένα αγόρι.

TOPIC 4 CHARACTER AND FEELINGS

Exercise 1

1 ευτυχισμένος   2 θλιμμένος
3 θυμωμένος   4 ισχυρός
5 αστείος   6 βαρετός

Exercise 2

1 θλιμμένος   2 τεμπέλης
3 ήρεμος   4 ηλίθιος
5 γενναιόδωρος

Exercise 3

(Your answers may vary.)

πολύ θετικό	θετικό	αρνητικό	πολύ αρνητικό
ευτυχισμένος	ισχυρός	θλιμμένος	θυμωμένος
γενναιόδωρος	ήρεμος	βαρετός	φρικτός
γενναίος	συμπαθητικός	τεμπέλης	ηλίθιος
αξιότιμος	αστείος	νευρικός	φιλάργυρος
ειλικρινής	υπομονετικός	εγωίστικός	
δυναμικός	σοβαρός	θορυβώδης	
χαρούμενος	ευχάριστος	ντροπαλός	
πιστός	λογικός	αδύνατος	
εργατικός	σοφός		

TOPIC 5 SHOPPING

Exercise 1

1 κλειστός   2 ανοικτός   3 φτηνός
4 ακριβός   5 ψαράς   6 μπουκάλι
7 ράφτης   8 τσάντα

Exercise 2

A5   B3   C2   D1   E4   F6

Exercise 3

1 νόμισμα   2 επιταγή   3 λογαριασμός
4 τμήμα

TOPIC 6 CLOTHES AND COLORS

Exercise 1

1 παπούτσια   2 φόρεμα   3 φούστα
4 κασκώλ   5 κάλτσες   6 ρόμπα
7 καπέλο   8 ζώνη

Exercise 2

1 κολλιέ   2 παντελόνι   3 μέγεθος
4 παπούτσια

Exercise 3

μπλούζα 1, γάντι 4, κάλτσες 2, παντελόνι 2

κολλιέ 3, τζιν 2, φούστα 2, δαχτυλίδι 3

σακάκι 1, ζώνη 4, σανδάλια 5, παπούτσια 5

κασκώλ 4, καπέλο 1, πουλόβερ 1,
σκουλαρίκια 3

TOPIC 7 FOOD AND DRINK

Exercise 1

1 χυμός   2 τσάι   3 καφές
4 ψάρι   5 ψωμί   6 καρότα
7 κατσαρόλα   8 κοτόπουλο

Exercise 2

fruit/φρούτα	drinks/ποτά
πορτοκάλια	γάλα
σταφύλια	χυμός μήλο
κεράσια	κόλα
μπανάνες	χυμός πορτοκάλι
φράουλες	νερό

vegetables/λαχανικά

μανιτάρια	ελιές
κρεμμύδια	καρότα
κουνουπίδι	

Exercise 3

1 κοτόπουλο   2 βούτυρο   3 κατάλογος
4 επιδόρπιο

TOPIC 8 THE BODY

Exercise 1

σ	π	π	λ	α	τ	η
τ	ρ	μ	χ	ν	ο	ς
ο	ο	μ	υ	τ	ι	η
μ	σ	ψ	β	ι	ζ	ξ
α	ω	ξ	λ	χ	α	κ
φ	π	ρ	χ	ε	ρ	ι
ι	ο	θ	ς	ι	γ	σ
τ	υ	ι	ο	ρ	α	δ
σ	τ	ο	μ	α	χ	ι
ρ	ε	β	ζ	ς	ψ	α

Exercise 2

γεύομαι με την γλώσσα μου.
βλέπω με τα μάτια μου.
ακούω με τα αυτιά μου.
αγγίζω με το χέρι μου.
μυρίζω με την μύτη μου.

Exercise 3

1 κεφάλι	2 μάτι	3 μύτη
4 αυτί	5 στόμα	6 ώμος
7 στήθος	8 βραχίονας	9 κοιλιά, στομάχι
10 δάχτυλο	11 χέρι	12 πόδι (πέλμα)
13 γόνατο	14 πόδι	15 δάχτυλο ποδιού

TOPIC 9 HEALTH

Exercise 1

ω	υ	γ	ε	ι	α	σ	κ	π	δ
β	σ	λ	ε	β	υ	φ	α	ο	ι
θ	κ	ξ	θ	η	τ	υ	π	ν	α
ε	α	φ	ι	χ	ρ	γ	ν	ο	ρ
ρ	ψ	ω	σ	α	ι	μ	ι	κ	ρ
α	β	ζ	μ	ς	μ	ο	σ	ε	ο
π	υ	ρ	ε	τ	ο	ς	μ	φ	ι
ε	χ	α	ν	λ	κ	π	α	α	ι
ι	φ	π	ο	ν	ο	ς	β	λ	π
α	σ	λ	ς	η	ξ	μ	ν	ο	λ
σ	υ	ν	η	θ	ε	ι	α	ς	β
κ	ρ	υ	ο	λ	ο	γ	η	μ	α

Exercise 2

(Your answers may vary.)

Things used in the treatment of illness and injury:
φάρμακο, χάπι, ταμπλέτα, θερμόμετρο, θεραπεία, εγχείρηση, δίαιτα

Types of injury:
πληγή, μελανιά, φουσκάλα, πρήξιμο, ηλίαση

Types of illness:
γρίπη, ανεμοβλογιά, ιλαρά, παρωτίτιδα, διαβήτης, καρκίνος, αλλεργία

Exercise 3

1 Είμαι εθισμένος στο κάπνισμα. Μερικές φορές καπνίζω 40 τσιγάρα την ημέρα.

2 Από την ημέρα του ατυχήματος, υποφέρει από στρες στα αυτοκίνητα.

3 Μετά το βραδινό η Μαρία είχε πόνο στο στομάχι.

4 Γιατί φτερνίζεστε και βήχετε όλη την ώρα; Έχετε κρυολόγημα;

TOPIC 10 HOBBIES

Exercise I

1 μπάσκετ

2 ψάρεμα

3 κατάδυση

4 ξιφασκία

5 διάβασμα

6 μουσική

Exercise 2

π	ε	ρ	γ	ο	λ	μ	σ	μ
α	ξ	γ	η	ε	ρ	τ	π	ο
ι	λ	κ	σ	π	ο	ρ	ε	ν
χ	ο	ρ	ο	ς	α	ε	β	τ
τ	σ	χ	ζ	β	ω	ξ	υ	ε
η	κ	σ	χ	ε	δ	ι	ο	λ
ς	ι	ψ	φ	η	γ	μ	κ	ο
ω	β	π	ι	α	ν	ο	δ	ι
τ	ρ	α	γ	ο	υ	δ	ι	π
ξ	ι	φ	α	σ	κ	ι	α	α

Exercise 3

(Your answers may vary.)

in water:
κωπηλασία
κατάδυση
ψάρεμα
ιστιοπλοΐα
κολύμβηση

outdoors:
ιπποδρομίες
κατασκήνωση
βόλεϊ
ιππασία

indoors:
μπάσκετ
άρση βαρών
επιτραπέζιο παιχνίδι
σκάκι

in a studio:
φωτογραφία
τραγούδι
κινηματογράφος

TOPIC 11 MEDIA

Exercise I

1 δίσκος   2 εφημερίδα   3 πληκτρολόγιο
4 κινητό   5 αρχείο   6 εκτυπωτής
7 ανιχνευτής   8 οθόνη

Exercise 2

1 Μου αρέσει να βλέπω τηλεόραση, αλλά δεν μου αρέσουν οι διαφημίσεις.

2 Αυτές τις μέρες, όλα τα νέα βρίσκονται στο Διαδίκτυο.

3 Αλλά της γιαγιάς μου ακόμα της αρέσει να ακούει το ραδιόφωνο.

4 Ο συντάκτης στο πρακτορείο ειδήσεων γράφει άρθρα για αυτό το περιοδικό.

5 Μπορείτε επίσης να διαβάσετε αυτά τα άρθρα στην ιστοσελίδα του περιοδικού στο Διαδίκτυο.

TOPIC 12 WEATHER AND ENVIRONMENT

Exercise 1

¹κ	λ	ι	μ	²α		³κ		⁴γ	⁵η

(crossword grid)

Exercise 2

1 καύσωνας

2 ζεστός

3 κρύος

4 παγωμένος

Exercise 3

1 Ο καιρός είναι χιονιάς.

2 Ο καιρός είναι ηλιόλουστος.

3 Ο καιρός είναι συννεφιασμένος.

4 Ο καιρός είναι βροχερός.

TOPIC 13 LOCAL AREA

Exercise 1

1 εστιατόριο   2 τράπεζα

3 καφενείο   4 πολυκατοικία

5 εκκλησία   6 δρομος

7 ξενοδοχείο

Exercise 2

(Turn the page for answer.)

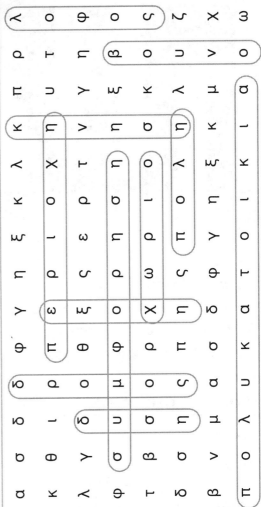

TOPIC 14 TRAVEL AND TOURISM

Exercise 1

1 τραίνο

2 αεροπλάνο

3 πλοίο

4 λεωφορείο

5 ποδήλατο

6 αυτοκίνητο

Exercise 2

¹π	ο	δ	η	²λ	α	³τ	ο	
α				ι		ρ		
ρ				⁴μ	ι	α		
α		⁵κ		α		ι		
λ		α		ν	ν			⁶ε
ι		ρ		ι	ο			ν
α		τ						α
	⁷φ	α	ν	α	ρ	ι	α	

Exercise 3

1 Το πλοίο είναι στο λιμάνι.

2 Το αεροπλάνο είναι στο αεροδρόμιο.

3 Το τραίνο είναι στον σταθμό.

4 Το λεωφορείο είναι στην στάση.

TOPIC 15 EDUCATION

Exercise I

1 χάρακας	2 βιβλίο
3 τετράδιο	4 γόμα
5 πέννα	6 μολύβι

Exercise 2

1σχολείο	σχολεία
2 πανεπιστήμιο	πανεπιστήμια
3 τάξη	τάξεις
4 βιβλίο	βιβλία
5 ερώτηση	ερωτήσεις
6 αριθμός	αριθμοί
7 χάρακας	χάρακες
8 σημειωματάριο	σημειωματάρια

Exercise 3

1 Είμαι φοιτητής και σπουδάζω αγγλική φιλολογία στο πανεπιστήμιο.

2 Θα ταξιδέψω στην Γαλλία για να μάθω γαλλικά.

3 Είμαι καθηγητής στο τμήμα οικονομικών και διδάσκω κοινωνιολογία.

4 Κάνω επανάληψη για τις εξετάσεις τον Μάϊο.

5 Ανοίξτε τα βιβλία σας στην σελίδα 65.

6 Ο πατέρας μου απομνημόνευσε το Κοράνι όταν ήταν νέος.

7 Οι μαθητές ψάχνουν την απάντηση της ερώτησης στο Διαδίκτυο.

8 Μαθαίνετε και γαλλικά στο σχολείο;

TOPIC 16 WORK

Exercise I

1 κουρέας	2 πιλότος
3 καλλιτέχνης	4 ανθοκόμος
5 δικαστής	6 ηλεκτρολόγος
7 ζαχαροπλάστης	8 μηχανικός

Exercise 2

1 καλλιτέχνης

2 ανεργία

3 ζαχαροπλάστης

4 υπηρέτης

5 δικαστής

Exercise 3

1 δουλεύει

2 Κερδίζει

3 κατασκευάζει

4 Απασχολεί

5 απολύσει

hello/goodbye *(sing. informal)*	good evening	how?	they *(m)*
hello/goodbye *(formal + pl.)*	good night	why?	they *(f)*
welcome	please, you're welcome	goodbye	in/to/on/at
welcome *(reply)*	thanks (for)	I	on top of
greetings	excuse me, sorry	you *(sing. informal)*	from
until we meet (again)	until tomorrow	you *(formal + pl.)*	for
pleased to meet you	what?	we	with
happy to have met you	who?	he	above
good morning	where?	she	below
good afternoon	when?	it	beside

αυτοί	πώς	καλησπέρα	γειά σου
αυτές	γιατί	καληνύχτα	γειά σας
σε	αντίο	παρακαλώ	καλωσορίσατε
επάνω σε	εγώ	ευχαριστώ (για)	καλώς σας βρήκαμε
από	εσύ	συγνώμη	χαίρετε
για	εσείς	μέχρι αύριο	μέχρι την επόμενη φορά
με	εμείς	τι	χαίρω πολύ
από πάνω	αυτός	ποιος, ποια, ποιο	χάρηκα που σας γνώρισα
από κάτω	αυτή	πού	καλημέρα
δίπλα	αυτό	πότε	καλό απόγευμα

(2) house	(2) to consist (of)	(2) garden	(2) refrigerator
(2) apartment	(2) floor *(level)*	(2) park	(2) table
(2) villa	(2) room	(2) street	(2) chair
(2) apartment building	(2) bedroom	(2) rent	(2) door
(2) district, area	(2) sitting room	(2) furnished	(2) window
(2) old	(2) living room	(2) carpet	(2) bell
(2) modern	(2) dining room	(2) curtain	(2) air-conditioning
(2) quiet	(2) office, study, desk	(2) sofa	(2) elevator
(2) crowded	(2) kitchen	(2) bed	(2) to live, to reside
(2) comfortable	(2) bathroom	(2) oven	(2) to rent

ψυγείο	κήπος	αποτελούμαι από	σπίτι
τραπέζι	πάρκο	όροφος	διαμέρισμα
καρέκλα	δρόμος	δωμάτιο	βίλα
πόρτα	νοίκι	υπνοδωμάτιο	πολυκατοικία
παράθυρο	επιπλωμένος	σαλόνι	περιοχή
κουδούνι	τάπητας	καθιστικό	παλιός
κλιματισμός	κουρτίνα	τραπεζαρία	σύγχρονος
ασανσέρ	καναπές	γραφείο	ήσυχος
μένω	κρεβάτι	κουζίνα	γεμάτος ανθρώπους
νοικιάζω	φούρνος	μπάνιο	άνετος

family (3)	husband (3)	grand-daughter (3)	single (3) *(female)*
relative (3)	boy (3)	nephew (3)	child (3)
father (3)	girl (3)	niece (3)	man (3)
mother (3)	uncle (3)	bride (3)	woman (3)
parents (3)	aunt (3)	bridegroom (3)	youth (3)
brother (3)	cousin (3) *(male)*	married (3)	friend (3) *(male)*
sister (3)	cousin (3) *(female)*	marriage (3)	friend (3) *(female)*
son (3)	grandfather (3)	divorced (3)	to be born (3)
daughter (3)	grandmother (3)	divorce (3)	to die (3)
wife (3)	grandson (3)	single (3) *(male)*	to get married (3)

ελεύθερη	εγγονή	άντρας	οικογένεια
παιδί	ανηψιός	αγόρι	συγγενής
άντρας	ανηψιά	κορίτσι	πατέρας
γυναίκα	νύφη	θείος	μητέρα
νεαρός/νεαρή	γαμπρός	θεία	γονείς
φίλος	παντρεμένος	ξάδελφος	αδελφός
φίλη	γάμος	ξαδέλφη	αδελφή
γεννιέμαι	διαζευγμένος	παππούς	γιός
πεθαίνω	διαζύγιο	γιαγιά	κόρη
παντρεύομαι	ελεύθερος	έγγονος	γυναίκα

④ personality	④ truthful	④ boring	④ energetic
④ character	④ sorry	④ strong	④ well-behaved
④ characteristic	④ funny	④ weak	④ afraid (of)
④ manners	④ distressing	④ angry	④ joyful
④ feelings	④ exciting	④ shy	④ very
④ temperament	④ amazing	④ generous	④ a little
④ nice	④ different	④ miserly	④ completely
④ pleased	④ similar	④ intelligent	④ to like
④ happy	④ strange	④ stupid	④ to hate
④ sad	④ normal, usual	④ lazy	④ to feel

δυναμικός	βαρετός	ειλικρινής	προσω-πικότητα
ευγενικός	ισχυρός	λυπημένος	χαρακτήρας
φοβισμένος	αδύνατος	αστείος	χαρακ-τηριστικό
χαρούμενος	θυμωμένος	οδυνηρός	τρόποι
πολύ	ντροπαλός	συναρπαστικός	συναισθήματα
λίγο	γενναιόδωρος	εκπληκτικός	τεμπεραμέντο
εντελώς	φιλάργυρος	διαφορετικός	συμπαθητικός
μου αρέσει	έξυπνος	παρόμοιος	ευχαριστη-μένος
μισώ	ηλίθιος	παράξενος	ευτυχισμένος
αισθάνομαι	τεμπέλης	κανονικός	θλιμμένος

shop ⑤	expensive ⑤	wallet ⑤	few, a little ⑤
store ⑤	offer ⑤	bag ⑤	many, much ⑤
open ⑤	seller ⑤	sack, bag ⑤	account, bill ⑤
closed ⑤	merchant ⑤	copper ⑤	receipt ⑤
market ⑤	bakery ⑤	silver ⑤	reduction, sale ⑤
shopping mall ⑤	butcher ⑤	gold ⑤	to pay ⑤
price ⑤	fish seller ⑤	leather ⑤	to buy ⑤
cash (money) ⑤	grocery store ⑤	wood ⑤	to give ⑤
money ⑤	tailor ⑤	free ⑤	to cost ⑤
inexpensive ⑤	jeweler ⑤	gift ⑤	it is found, it is located ⑤

μερικοί, λίγο	πορτοφόλι	ακριβός	μαγαζί
πολλοί, πολύ	τσάντα	προσφορά	κατάστημα
λογαριασμός	σακούλα	πωλητής	ανοικτός
απόδειξη	χαλκός	έμπορος	κλειστός
έκπτωση	ασήμι	αρτοπωλείο	αγορά
πληρώνω	χρυσός	χασάπης	εμπορικό κέντρο
αγοράζω	δέρμα	ψαράς	τιμή
δίνω	ξύλο	παντοπώλης	μετρητά
κοστίζω	δωρεάν	ράφτης	λεφτά
βρίσκεται	δώρο	κοσμημα-τοπώλης	φτηνός

(6) clothes	(6) suit	(6) bathrobe	(6) green
(6) fashion	(6) dress	(6) cloth, textile	(6) brown
(6) uniform *(outfit)*	(6) skirt	(6) wool	(6) orange
(6) underwear	(6) blouse	(6) cotton	(6) pink
(6) size	(6) coat	(6) silk	(6) purple
(6) shirt	(6) glove	(6) black	(6) light *(color)*
(6) trousers, pants	(6) sock	(6) red	(6) dark, deep *(color)*
(6) shoe	(6) hat	(6) yellow	(6) comfortable
(6) sandal	(6) belt	(6) blue	(6) to wear
(6) jacket	(6) jeans	(6) white	(6) to take off

πράσινος	ρόμπα	κοστούμι	ρούχα
καφέ	ύφασμα	φόρεμα	μόδα
πορτοκαλί	μαλλί	φούστα	στολή
ροζ	βαμβάκι	μπλούζα	εσώρουχο
πορφυρός	μετάξι	παλτό	μέγεθος
ανοιχτό	μαύρος	γάντι	πουκάμισο
σκούρο	κόκκινος	κάλτσα	παντελόνι
άνετος	κίτρινος	καπέλο	παπούτσι
φοράω	μπλε	ζώνη	σανδάλι
βγάζω	άσπρος	τζιν	σακάκι, ζακέτα

⑦ food	⑦ oil	⑦ fruit	⑦ banana/-s
⑦ menu, list	⑦ cheese	⑦ salad	⑦ milk
⑦ dish, course	⑦ egg/-s	⑦ onion/-s	⑦ juice
⑦ meal	⑦ meat	⑦ potato/-es	⑦ water
⑦ sugar	⑦ lamb, mutton	⑦ carrot/-s	⑦ coffee
⑦ butter	⑦ beef	⑦ olive/-s	⑦ tea
⑦ salt	⑦ pork	⑦ grape/-s	⑦ alcohol
⑦ pepper	⑦ chicken	⑦ apple/-s	⑦ dessert, sweet
⑦ bread	⑦ fish	⑦ orange/-s	⑦ to eat
⑦ rice	⑦ vegetables	⑦ lemon/-s	⑦ to drink

μπανάνα/-ες	φρούτο/-α	λάδι	φαγητό
γάλα	σαλάτα	τυρί	κατάλογος
χυμός	κρεμμύδι/-ια	αυγό/-ά	πιάτο
νερό	πατάτα/-ες	κρέας	γεύμα
καφές	καρότο/-α	αρνί	ζάχαρη
τσάι	ελιά/-ές	μοσχάρι	βούτυρο
οινόπνευμα	σταφύλι/-ια	χοιρινό	αλάτι
γλυκό	μήλο/-α	κοτόπουλο	πιπέρι
τρώω	πορτοκάλι/-ια	ψάρι	ψωμί
πίνω	λεμόνι/-ια	λαχανικά	ρύζι

(8) body	(8) belly, stomach	(8) finger	(8) lip
(8) skeleton	(8) arm	(8) toe	(8) bone
(8) head	(8) leg	(8) thumb	(8) skin
(8) face	(8) foot	(8) chest	(8) to see
(8) eye	(8) knee	(8) back	(8) to hear
(8) ear	(8) hand	(8) heart	(8) to smell
(8) nose	(8) elbow	(8) hair	(8) to taste
(8) mouth	(8) wrist	(8) brain	(8) to move *(something)*
(8) tongue	(8) shoulder	(8) blood	(8) to move *(yourself)*
(8) neck	(8) tooth	(8) lung	(8) to touch

χείλι	δάχτυλο	κοιλιά, στομάχι	σώμα
κόκκαλο	δάχτυλο ποδιού	χέρι, βραχίονας	σκελετός
δέρμα	αντίχειρας	πόδι	κεφάλι
βλέπω	στήθος	πόδι (πέλμα)	πρόσωπο
ακούω	πλάτη	γόνατο	μάτι
μυρίζω	καρδιά	χέρι	αυτί
γεύομαι	μαλλιά	αγκώνας	μύτη
κινώ	εγκέφαλος	καρπός	στόμα
κινούμαι	αίμα	ώμος	γλώσσα
αγγίζω	πνεύμονας	δόντι	λαιμός

health	pulse	accident	addicted (to)
healthy	headache	hospital	smoking
illness	injury	doctor	diet
patient *(noun)*	wound	nurse	to suffer (from)
cold	pain	ambulance	to take *(medicine, etc.)*
congested *(nose)*	painful	operation, surgery	to fall
sick	medicine	doctor's office	to break
fever	pill	cure, treatment	to cough
diarrhea	tablet	first aid	to swallow
cough	thermometer	habit	to smoke

εθισμένος (σε)	ατύχημα	σφυγμός	υγεία
κάπνισμα	νοσοκομείο	πονοκέφαλος	υγιής
δίαιτα	γιατρός	τραύμα	αρρώστια
υποφέρω (από)	νοσοκόμα	πληγή	ασθενής
παίρνω	ασθενοφόρο	πόνος	κρυολόγημα
πέφτω	εγχείρηση	επίπονος	βουλωμένη (μύτη)
σπάω	κλινική	φάρμακο	άρρωστος
βήχω	θεραπεία	χάπι	πυρετός
καταπίνω	πρώτες βοήθειες	ταμπλέτα	διάρροια
καπνίζω	συνήθεια	θερμόμετρο	βήχας

hobby (10)	basketball (10)	musical instrument (10)	drawing (10)
spare time (10)	volleyball (10)	flute (10)	photography (10)
sport (10)	running, jogging (10)	violin (10)	hunting (10)
athletic, athlete (10)	skiing (10)	guitar (10)	fishing (10)
game (10)	swimming (10)	piano (10)	chess (10)
player (10)	dancing (10)	trumpet (10)	backgammon (10)
team (10)	music (10)	drum (10)	board game (10)
training (10)	singing, song (10)	reading (10)	to play (sport/instrument) (10)
coach (10)	group, band (10)	movie theater (10)	to train, to practice (10)
football, soccer (10)	singer (10)	play (theater) (10)	to be interested in (10)

σχέδιο	μουσικό όργανο	μπάσκετ	χόμπι
φωτογραφία	φλάουτο	βόλεϊ	ελεύθερος χρόνος
κυνήγι	βιολί	τρέξιμο	σπορ
ψάρεμα	κιθάρα	σκι	αθλητής
σκάκι	πιάνο	κολύμβηση	παιχνίδι
τάβλι	τρομπέττα	χορός	παίχτης
επιτραπέζιο παιχνίδι	τύμπανο	μουσική	ομάδα
παίζω	διάβασμα	τραγούδι	προπόνηση
προπονούμαι	κινηματο- γράφος	συγκρότημα	προπονητής
ενδιαφέρομαι για	έργο	τραγουδιστής	ποδόσφαιρο

media	press	Internet	director
communication	news item *(plural = news)*	website	producer
technology	newspaper	channel	correspondent
broadcast, broadcasting	magazine	telephone	photographer
television	article	mobile phone	broadcaster, announcer
radio	computer	advertisement	to watch
sound	keyboard	program	to listen
tape	screen	live broadcast	to record
disc	printer	journalist	to print
recorder	file	editor	to publish

διευθυντής	Διαδίκτυο	τύπος	μέσα ενημέρωσης
παραγωγός	ιστοσελίδα	είδηση, ειδήσεις	επικοινωνία
ανταποκριτής	κανάλι	εφημερίδα	τεχνολογία
φωτογράφος	τηλέφωνο	περιοδικό	αναμετάδοση
εκφωνητής	κινητό	άρθρο	τηλεόραση
βλέπω	διαφήμιση	κομπιούτερ, υπολογιστής	ραδιόφωνο
ακούω	πρόγραμμα	πληκτρολόγιο	ήχος
μαγνητοφωνώ	απευθείας μετάδοση	οθόνη	ταινία
τυπώνω	δημοσιο-γράφος	εκτυπωτής	δίσκος
δημοσιεύω	συντάκτης	αρχείο	μηχάνημα εγγραφής

(12) weather	(12) heat	(12) rain	(12) water
(12) environment	(12) hot	(12) sunny	(12) air
(12) nature	(12) clear, fine	(12) cloudy	(12) earth *(soil)*
(12) atmosphere, weather	(12) temperature	(12) rainy	(12) fire
(12) climate	(12) cold *(noun)*	(12) ice, icy weather	(12) wind
(12) season	(12) cold *(adjective)*	(12) snow, snowy weather	(12) storm
(12) spring	(12) warm	(12) sky	(12) pollution
(12) summer	(12) moderate, temperate	(12) land, earth, globe	(12) cause, reason
(12) autumn, fall	(12) humidity	(12) sun	(12) to cause
(12) winter	(12) cloud	(12) moon	(12) to protect

νερό	βροχή	ζέστη	καιρός
αέρας	ηλιόλουστος	ζεστός	περιβάλλον
χώμα	συννεφια-σμένος	αίθριος	φύση
φωτιά	βροχερός	θερμοκρασία	ατμόσφαιρα
άνεμος	πάγος, παγωνιά	κρύο	κλίμα
θύελλα	χιόνι, χιονιάς	κρύος, ψυχρός	εποχή
ρύπανση	ουρανός	ζεστός, θερμός	άνοιξη
αιτία, λόγος	γη	εύκρατος	καλοκαίρι
προκαλώ	ήλιος	υγρασία	φθινόπωρο
προστατεύω	φεγγάρι	σύννεφο	χειμώνας

region ⑬	building ⑬	beach ⑬	palace ⑬
place ⑬	town hall ⑬	church ⑬	farm ⑬
city ⑬	school ⑬	club ⑬	mountain ⑬
countryside ⑬	hotel ⑬	library ⑬	river ⑬
village ⑬	restaurant ⑬	bookstore ⑬	north ⑬
district, quarter ⑬	café ⑬	downtown ⑬	west ⑬
street, road, way ⑬	chemist, pharmacy ⑬	post office ⑬	south ⑬
traffic ⑬	bank ⑬	movie theater ⑬	east ⑬
congestion ⑬	police station ⑬	theatre ⑬	to roam around ⑬
complex (offices, apartments, etc.) ⑬	gas station ⑬	bridge ⑬	to get lost ⑬

παλάτι	παραλία, πλαζ	κτήριο	περιοχή
αγρόκτημα	εκκλησία	Δημαρχείο	μέρος
βουνό	κλαμπ	σχολείο	πόλη
ποταμός	βιβλιοθήκη	ξενοδοχείο	εξοχή
βορράς	βιβλιοπωλείο	εστιατόριο	χωριό
δύση	κέντρο	καφενείο	περιοχή
νότος	ταχυδρομείο	φαρμακείο	δρόμος
ανατολή	σινεμά, κινηματογράφος	τράπεζα	κυκλοφορία, κίνηση
περιπλανιέμαι	θέατρο	αστυνομικό τμήμα	συμφόρηση
χάνομαι	γέφυρα	βενζινάδικο	πολυκατοικία

(14) travel, journey, trip	(14) boat	(14) one-way	(14) abroad
(14) tourism	(14) ship	(14) return *(ticket)*	(14) before
(14) visit	(14) bus	(14) sea	(14) after
(14) country	(14) airport	(14) seaside	(14) to go
(14) traveler	(14) stop *(bus, train, etc.)*	(14) ruins	(14) to walk
(14) car	(14) station	(14) baggage	(14) to return
(14) taxi	(14) port, harbor	(14) camera	(14) to travel
(14) bicycle	(14) passport	(14) fast	(14) to ride, to catch, to board
(14) train	(14) visa	(14) slow	(14) to spend *(time)*
(14) plane	(14) ticket	(14) straight ahead	(14) to arrive

στο εξωτερικό	απλό εισιτήριο	καράβι	ταξίδι
πριν	εισιτήριο με επιστροφή	πλοίο	τουρισμός
μετά	θάλασσα	λεωφορείο	επίσκεψη
πάω	παραλία	αεροδρόμιο	χώρα
περπατάω	ερείπια	στάση	ταξιδιώτης
επιστρέφω	αποσκευές	σταθμός	αυτοκίνητο
ταξιδεύω	φωτογραφική μηχανή	λιμάνι	ταξί
επιβιβάζομαι, παίρνω	γρήγορος	διαβατήριο	ποδήλατο
περνάω	αργός	βίζα	τραίνο
φτάνω	ευθεία	εισιτήριο	αεροπλάνο

(15) student	(15) semester, term	(15) notebook	(15) Greek language
(15) pupil	(15) lesson	(15) dictionary	(15) history
(15) teacher	(15) homework	(15) letter *(of the alphabet)*	(15) geography
(15) professor	(15) book	(15) number	(15) science
(15) elementary school	(15) exercise book	(15) question	(15) biology
(15) middle school	(15) pen/fountain pen	(15) answer	(15) chemistry
(15) high school	(15) pencil	(15) exam	(15) physics
(15) faculty	(15) eraser	(15) mathematics	(15) to study
(15) university	(15) pencil sharpener	(15) literature	(15) to teach
(15) class, classroom	(15) ruler	(15) English language	(15) to learn

Ελληνική γλώσσα	σημειω- ματάριο	τρίμηνο	φοιτητής/ φοιτήτρια
ιστορία	λεξικό	μάθημα	μαθητής/ μαθήτρια
γεωγραφία	γράμμα	εργασία	δάσκαλος/ δασκάλα
επιστήμη	αριθμός	βιβλίο	καθηγητής/ καθηγήτρια
βιολογία	ερώτηση	τετράδιο	δημοτικό σχολείο
χημεία	απάντηση	στιλό/πέννα	γυμνάσιο
φυσική	διαγωνισμός, εξέταση	μολύβι	λύκειο
σπουδάζω	μαθηματικά	γόμα	τμήμα
διδάσκω	φιλολογία	ξύστρα	πανεπιστήμιο
μαθαίνω	Αγγλική γλώσσα	χάρακας	τάξη, αίθουσα

(16) work	(16) secretary	(16) judge	(16) florist
(16) profession	(16) employee	(16) engineer, mechanic	(16) farmer
(16) job, position	(16) civil servant	(16) pilot	(16) artist
(16) company	(16) expert	(16) driver	(16) unemployment
(16) branch	(16) specialist	(16) employer, boss	(16) salary
(16) office	(16) businessman/ -woman	(16) electrician	(16) retirement
(16) experience	(16) researcher	(16) plumber	(16) unemployed
(16) trade	(16) doctor	(16) cook, chef	(16) retired
(16) manager, director	(16) trader	(16) confectioner	(16) to work
(16) worker	(16) lawyer	(16) barber	(16) to employ

ανθοκόμος	δικαστής	γραμματέας	εργασία
αγρότης/ αγρότισσα	μηχανικός	υπάλληλος	επάγγελμα
καλλιτέχνης	πιλότος	δημόσιος υπάλληλος	δουλειά, θέση
ανεργία	οδηγός	εμπειρο- γνώμονας	εταιρία
μισθός	εργοδότης, εργοδότρια	ειδικός	υποκατάστημα
συντα- ξιοδότηση	ηλεκτρολόγος	επιχειρηματίας	γραφείο
άνεργος	υδραυλικός	ερευνητής/ ερευνήτρια	εμπειρία
συνταξιούχος	μάγειρας/ μαγείρισσα	γιατρός	εμπόριο
δουλεύω	ζαχαρο- πλάστης	έμπορος	διευθυντής /διευθύντρια
απασχολώ		δικηγόρος	εργάτης /εργάτρια